無意識のバッティング

JN229414

デイブ・ストックトン
マシュー・ルディ

青春新書
PLAYBOOKS

パッティングが決まるかどうかは、強さと切れ方をどれだけ正確に判断し、読んだ通りにボールを転がせるかにかかっている。頭を使って考えたあとは、あれこれ考えないようにすること

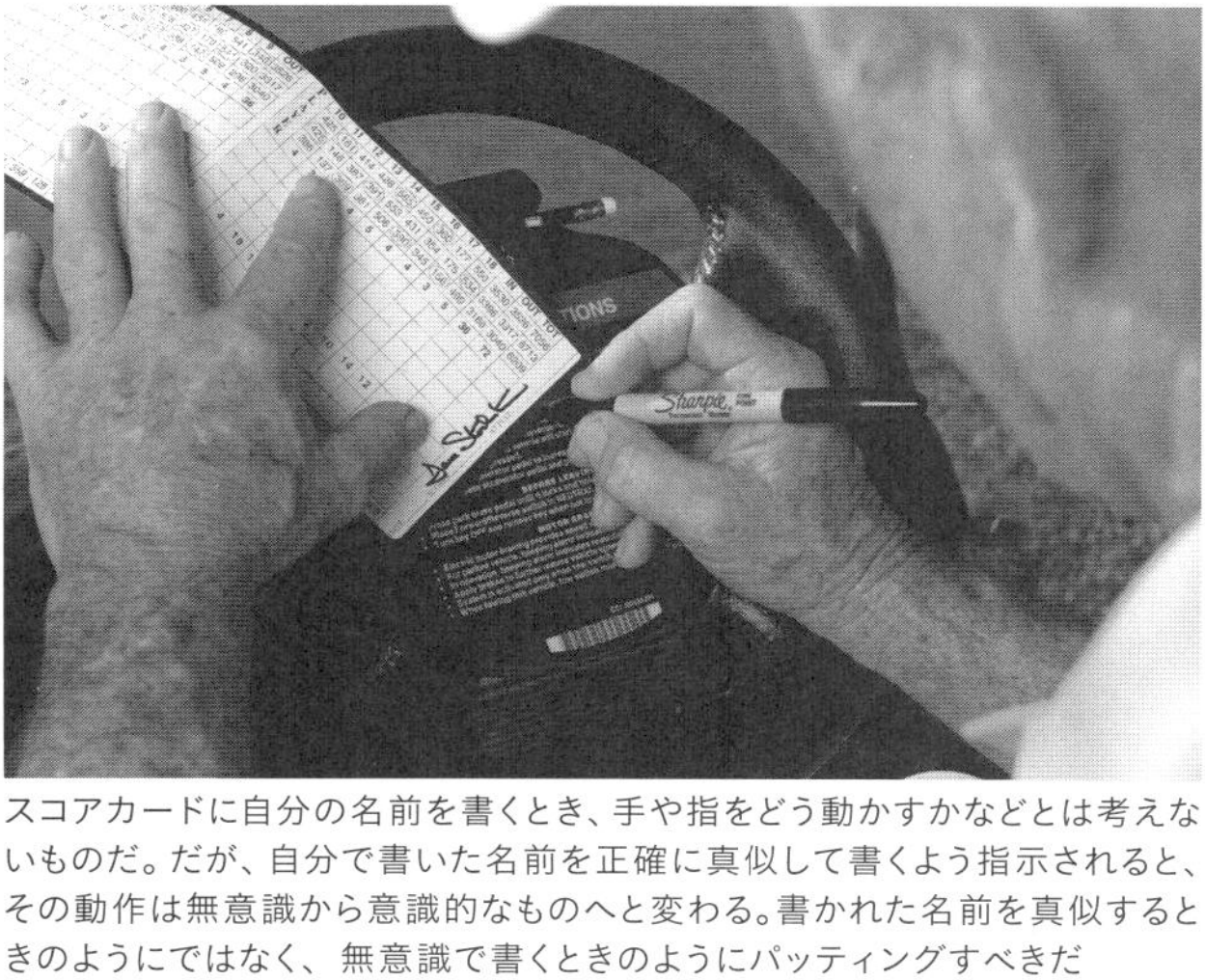

スコアカードに自分の名前を書くとき、手や指をどう動かすかなどとは考えないものだ。だが、自分で書いた名前を正確に真似して書くよう指示されると、その動作は無意識から意識的なものへと変わる。書かれた名前を真似するときのようにではなく、無意識で書くときのようにパッティングすべきだ

スタンスや構え方は自分に、そして自分の体型に合っていなければならないが、グリップについては誰にも共通する原則がある。❶パターグリップ上では、両手のバランスがとれていなければならない。つまり左手の甲は目標に真っすぐ向き、右手の甲はその正反対を向く。❷わたしの場合、両手を合わせて逆オーバーラッピンググリップをつくる。このグリップでは、左手の人差し指が右手の薬指と小指の指関節のあいだに乗る。❸グリップを作るとき、フィーリングを出すために指を少し広げ、指で覆えるパターグリップのエリアをできるだけ広くする。右手の人差し指を伸ばしてシャフトに添わせることはしない。そうすると、転がすのではなく打つような感じが強くなってしまうからだ

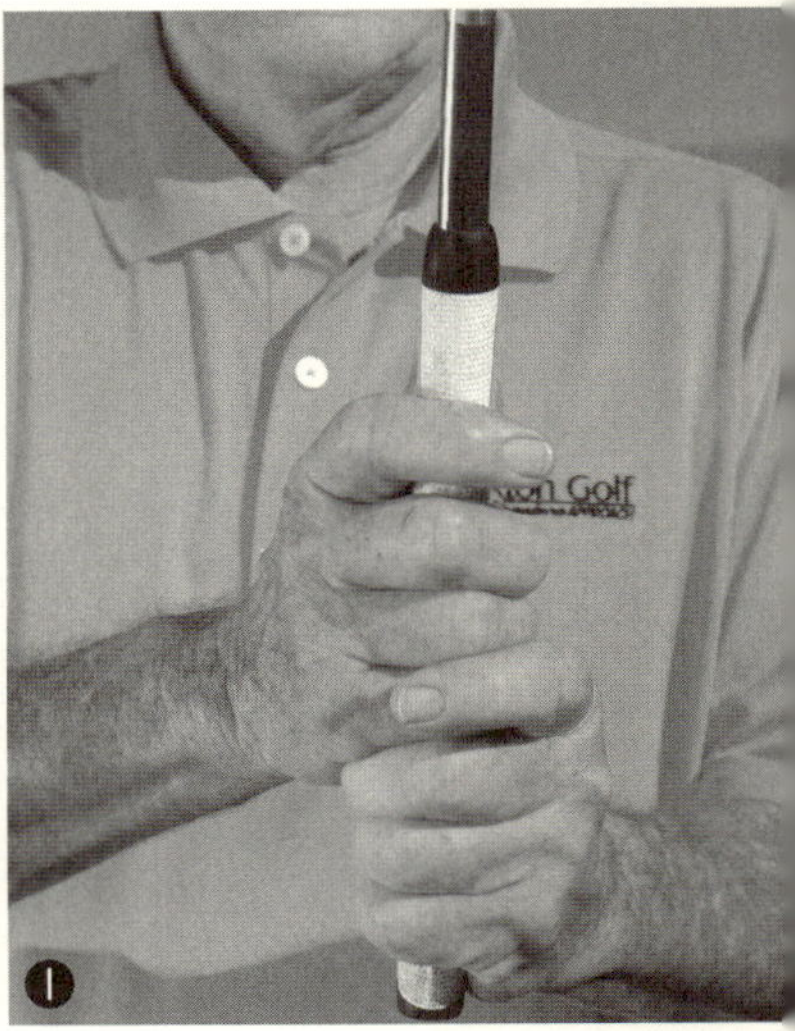

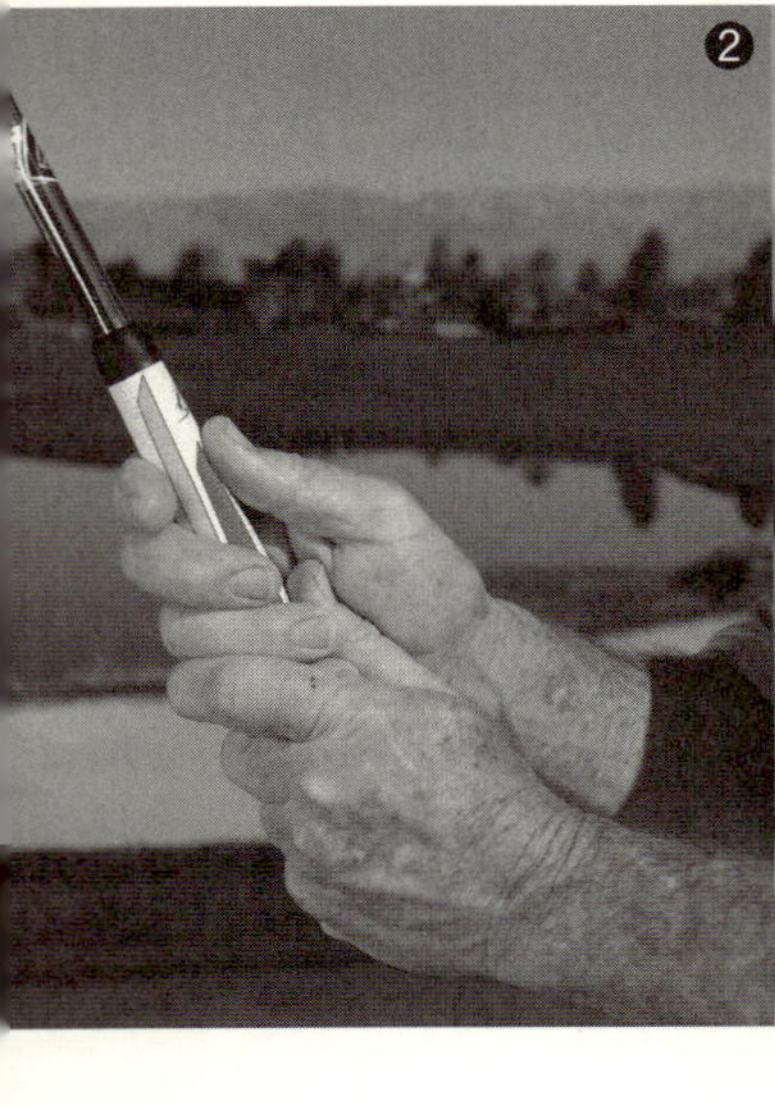

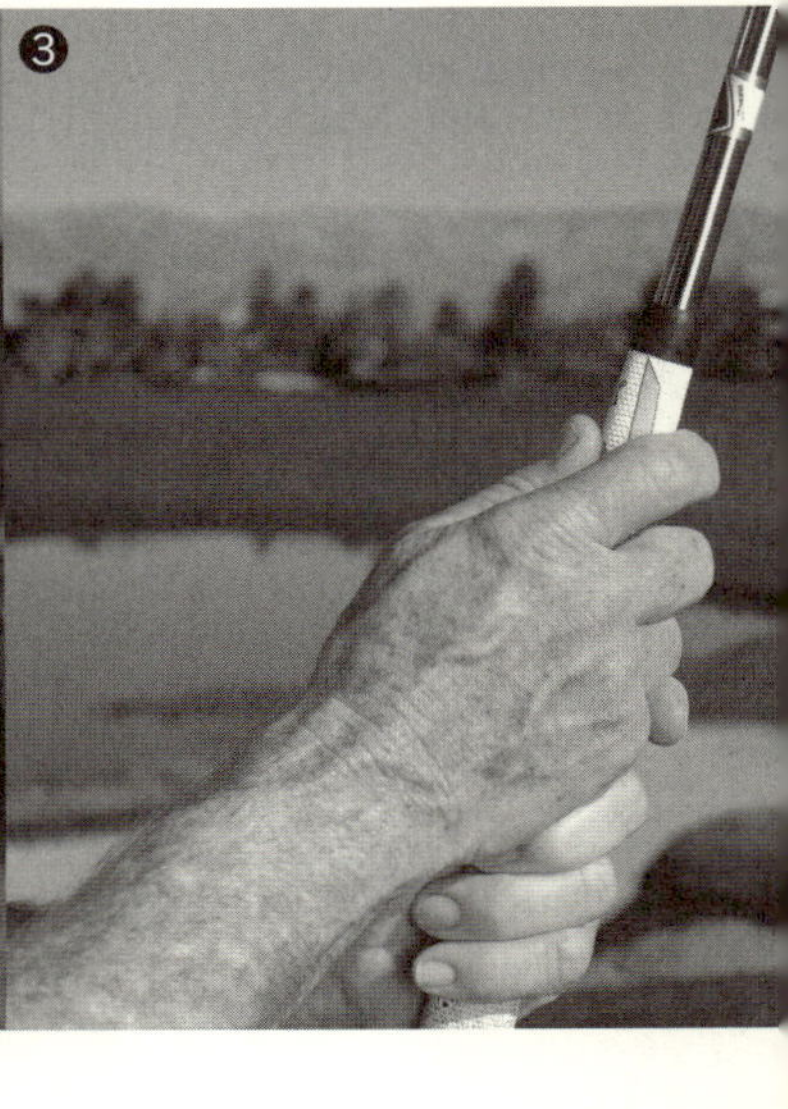

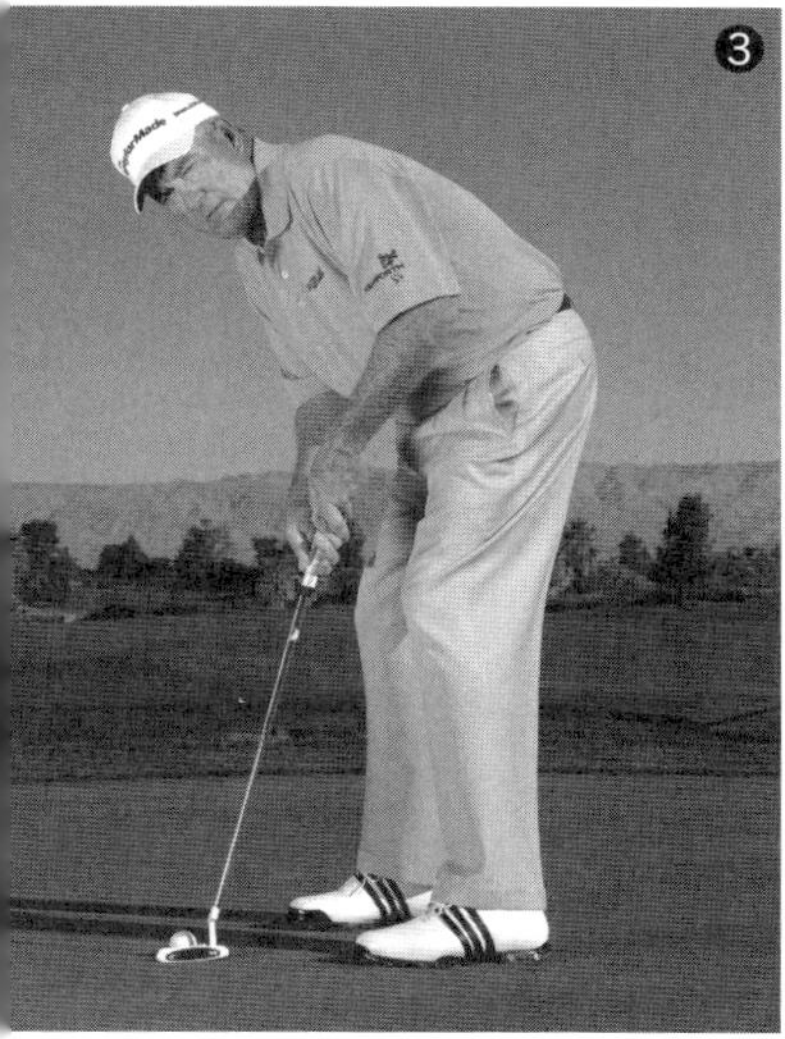

ルーティンを一定に保つことは、無意識なパッティングの最も大きな要素である。最初にラインを読む。❶わたしの場合、まずはボール後方からおおよその切れ方を判断する。それが把握できたら、谷側に移動して頭のなかでラインをイメージする。❷スタンスに入るときも視線はラインから外さず、フィーリングをたしかめるために右手で軽く素振りする。最初に右足の位置を決め、次に左足の位置を決めるが、そのあいだは前かがみにならず、ラインを見つめたままだ。❸ここでパターをボールの先に置く。パターをボール後方に移して、視線をボールの少し先に落とし、あれこれ考えるのはやめる。意識はラインから絶対にそらさない

3
4

パットの名手は数多いが、ストロークの仕方は人によってさまざまだ。真っすぐ引いて真っすぐ押し出す人もいれば、弧を描きながらストロークする人もいる。オープンスタンスの人、クローズドスタンスの人、かなり棒立ちの人、かなり前かがみの人――。ストロークのメカニズムは、「楽に構えて一定のルーティンを守ること」ほど重要ではない。

❶わたしはまずフォワードプレスを行ってスムーズにストロークを開始し、❷パターを後方に引き、❸左手の甲を目標方向に動かすことに集中して、❹パターヘッドを地面に対して低く保っている

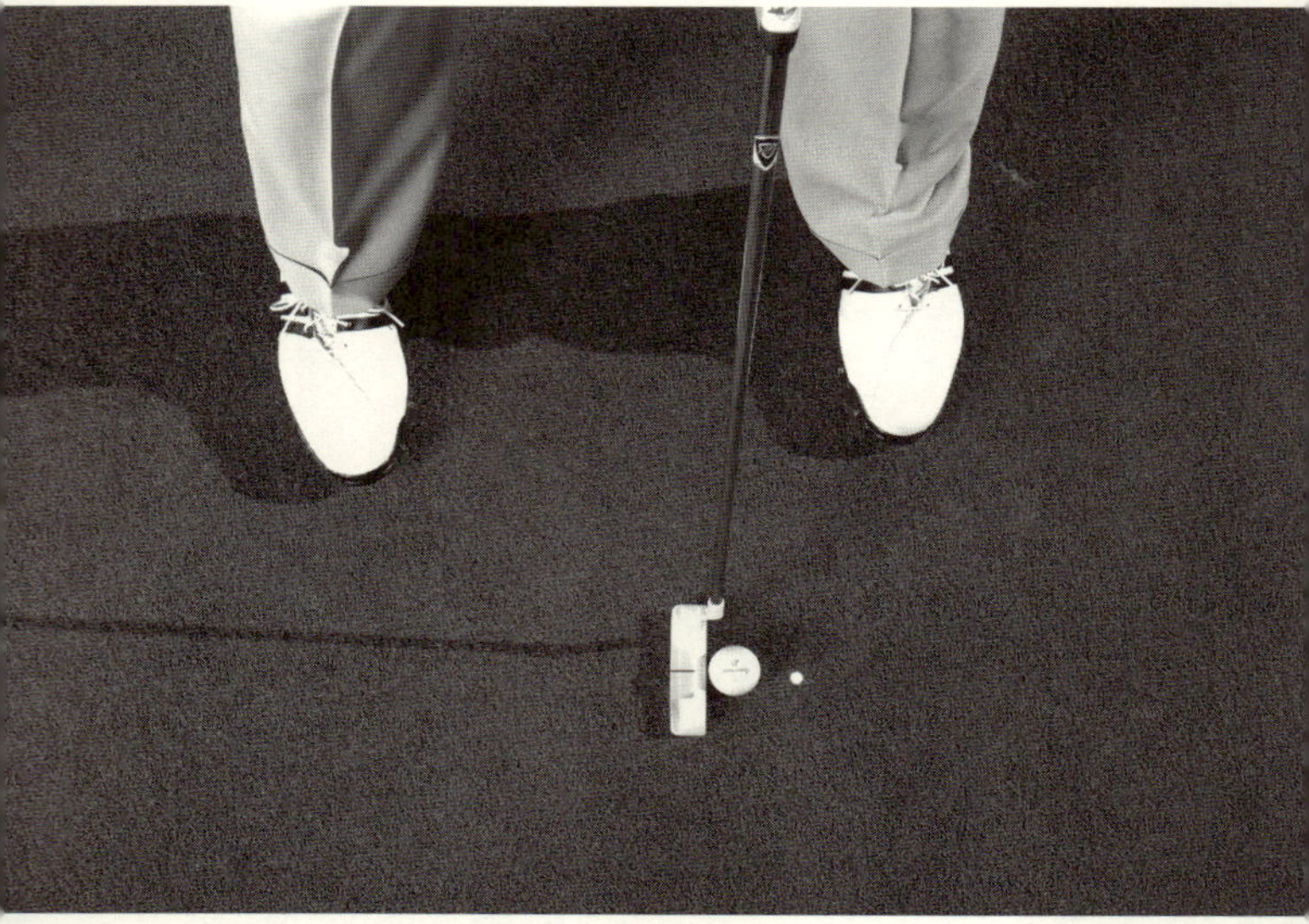

パッティングの練習時間をできるだけ有効に使いたいなら、次のアドバイスにはガッカリするかもしれない。メカニズムにこだわったり1.5メートルのパッティングを100回繰り返したりするのではなく、練習時間の少なくとも半分は、ルーティンを最初から最後まで行うようにすること。ボールのすぐ先にティーを奥深くまで差し込み、ラインを決めたらその上を通過するようにボールを転がし、ライン通りにボールが転がるのを確認する。ラインを見ることと、そのライン通りにボールを転がすことを結びつけるのだ。そうすれば、方向と強さの両方をコントロールできるようになる

距離感を磨くために重要なのは、ボールを打つのではなく転がすこと。❶自分の右手で左肩を押さえ、左手1本で何度かストロークしてみるといい。左肩の高さを一定にして、パターヘッドを地面に対して低く保ち、左手でストロークをコントロールできるようにする。❷肩を低く抑えたままパターヘッドを地面に対して低く保てれば、写真のようにボールに向かって手を返して打つような動作がなくなる

ラインはできるだけ具体的にイメージすること。ボールがどの部分からカップインするかについてもイメージする。そのための練習方法のひとつとして、およそ15センチ切れる3〜4メートルのラインを見つけ、ボールがカップインするはずのエッジ部分にティーを立てる。ただパットを決めようとするのではなく、立てたティーにちょうど当たるようボールを転がすこと

序文――フィル・ミケルソン

ここ数年、わたしはパッティング、特に方向感覚に苦しめられてきた。自分がどのようにパッティングしようとしているのかもわかっていないという有様だ。フラストレーションがたまり、キャディのボーンズ・マッケイに誰かよいコーチはいないか尋ねたところ、すすめられたのがデイヴ・ストックトンだった。

もちろん、デイヴが他の選手を指導して成果を上げていることはわたしも耳にしていたが、その彼がわたしのパッティングをどう評価してくれるのか楽しみだった。

彼と初めて会ったのは２００９年９月。カリフォルニア州サンディエゴにある「ザ・ブリッジェズ」というコースで、わたしたちは２日間、朝食を一緒にとって２時間ほどパッティングをしたが、すぐにこれは自分に合っていると感じた。彼はとてもプラス思考で、一緒に過ごしているととても楽しく、あっという間にわたしは彼のファンになってしまったのだ。彼が積み上げてきた実績、そしてメジャー大会での勝利からも、大いに彼を信頼することができた。

デイヴの指導を受けてわたしのパッティングは昔のようにシンプルになり、少しずつ子どものころの感覚を取り戻し始めた。プロとして、わたしは必要以上に難しく考えるようになっていたのだ。パットを決めることがいかに大事かを知って、結果ばかりに目を奪われすぎていたともいえる。メカニズムやテクニックばかりに意識を集中させすぎて、ラインもあまり見なくなっていた。

デイヴは短時間で、すべてをシンプルにしてくれたのだ。

わたしは以前より長い時間、カップとラインを見つめるようになった。そして、手の甲をラインに合わせて構え、それがパターフェースだと思ってストロークすることで、もはやパターフェースが実際にどこを向いているか確認する必要もない。「ただ手の甲をカップに合わせる」。これだけで、動作がとてもシンプルになった。パットは調子がいい日も悪い日もあるが、方向感覚はいつも安定している。

昔のようにフィーリングを出しながら、ボールを正しく転がせるようになり、メカニズムにとらわれなくなった。再びラインをよく見るようになって、心の底からパッティングが得意だと感じられる。

2日間デイヴとすごしてからパットがよく決まるようになるまで、それほど時間はかからなかった。翌週のザ・ツアーチャンピオンシップで、わたしは1パットを36回決めたのだ。2009年シーズンのその時点までに、6メートルを超えるパットを決めたのは年間を通しても13回。それがこの週だけで9回も決め、優勝を飾ることができた。

シンプルなルーティンを心がけ、ラインをしっかり見れば、自信が生まれる。この自信はとても重要だ。特に、マスターズが開催される「オーガスタ・ナショナル・ゴルフクラブ」のようなコースをラウンドする場合には。

デイヴに感謝を伝えたい。そしてあなたも彼の言葉に耳を傾ければ、きっとパッティングが驚くほど得意になるはずだ。

わたしたちは、ハンデ20前後のアマチュアを集めた講習会の講師として、そして世界中のプロツアーで活躍するトッププロのコーチとして、レッスンや戦略、考え方を毎日のように伝えている。それだけに、本書に書かれている内容はわたしたちにとって特別なものだ。

そして本書に盛り込まれているアイデアは、わたしたちが子どものころから仕込まれたものとまったく同じものだ。父と祖父ゲイルの指導を受け、ラインの読み方、ルーティンの守り方を教わった。

その教え方はいまも変わらない。父はいつもフィーリングについて話し、ショットする前に頭のなかでイメージを思い描くことがどれだけ大切かを話していた。そのアイデアはシンプルで、70年以上前からトーナメントで検証され、磨きがかけられてきたものだ。祖父は伝説的ゴルフインストラクターのアレックス・モリソンに師事し、ウォルター・ヘーゲンをはじめとする往年の名選手と共にラウンドした。父はPGAツアーとチャンピオンズツアーで輝かしい実績を残し、わたしたちはプロツアーで活躍する選手たちを指導している。

本書の内容は、わたしたち家族の伝統の一部なのだ。

この家族という要素のおかげで、ここ数年、わたしたちはとても充実したときを過ごしている。「家業」に携われるのは素晴らしいことだし、今後も多くのゴルファーを手助けできるのが楽しみでたまらない。

わたしたち一家は全員自己主張が強いが、指導のこととなると、決まって全員の意見が一致する。そして、コロラドの講習会に集まるハンデ20前後のアマチュアから、フィル・ミケルソンのようなメジャー大会を何度も制したトッププロまで、多くのゴルファーにその洞察と経験を伝えているのだ。

すべての人に手を差し伸べることはできない、という人もいる。ひとつの指導法がすべてのゴルファーに適用できるとは限らない、という意味だ。家族として数十年にわたって指導し、プレーしてきた経験からいうと、これは真実とは思えない。確かに、わたしたちが指導したゴルファーのなかには、期待通りのレッスンが受けられないと感じて立ち去った人もいた。

だがそれは、ほぼ決まって、現在のゴルフレッスンで圧倒的に支持されている「メカニズム」という考え方のせいだ。ゴルファーの多くは、グリップやストロークを根本的に直さなければ上達は望めないと思っている。そのため、どんな問題も解決できる万能の「メカニズム」など存在しないとわたしたちが話すと、顔に失望の色を浮かべるゴルファーまでいる。

わたしたちの使命は、指導を受けにくるプロや講習会に参加するアマチュア、そして本書の読者であるあなたに、パッティングとはシンプルなもので、決してメカニズムによって上達するものではないと伝えることだ。


グリーン上では心の持ち方が結果を左右する。その事実を常に忘れず、〝自分の名前を書くのと同じように自然なパッティング〟を身につけ、ラインの読み方を理解すれば、見違えるほど上手にボールを転がせるようになる。

ストロークはいまのままで構わない。ツアー選手でさえ、レッスンを受けた直後はパット数が増加し、指導を受ける前より下手になったと訴えてくることも多い。

パッティングがそんなに簡単なはずはない、という人もいる。

だが、かつてはツアープロのなかでもパッティングの成績が最下位に近かったマーティン・レアードの指導をしたとき、彼はすぐに自信をつけ、「アーノルド・パーマー招待」という大きな大会でパットを真ん中から決めて優勝した。

彼はパッティングの成績を上げることの大切さに気づき、わたしたちの指導を受けてから飛躍的に成績が向上した20人以上のツアー選手の一人にすぎない。

わたしたちは、わずか30分から45分のレッスンで劇的にパッティングが上達したゴルファーを数えきれないほど見てきている。本書を読んで自分で試してみれば、あなたもその一人になれるはずだ。

はじめに――あなたのパッティングは30分で変わる

書店でゴルフのレッスン書のコーナーをのぞいたり、人気のゴルフ雑誌を読んだり、ティーチングプロの話を聞いたりすれば、クラブはどう握るといいだとか、スイングの連続写真をうまく真似するとゴルフが上手になる、といった情報が手に入るだろう。メンタルについても少しは触れられているかもしれないが、本体に付属する「アクセサリー」のような扱いだ。ここでいう本体とは、スイングのメカニズムである。

わたしにいわせれば、これはあまりに時代遅れな考え方だ。

ゴルフでメカニズムが必要かと問われれば、確かにそうだといえる。そして構え方とスイングについていえば、「標準」に近づけば近づくほどショットは簡単になる。

だが、パッティングはまるで別物だ。どんなロングパットでも、パターヘッドはせいぜい60センチくらいしか動かさない。パットが決まるかどうかは、ボールの強さと切れ方(曲がり具合)を判断し、その読み通りボールを転がせるかどうかにかかっている。

つまり、どれだけ頭を使えるか、そしてその後は、どれだけあれこれ考えすぎないようにできるかにかかっているのだ。

パッティングは一種の技法である。だがほとんどの指導者は、ストロークの形や左右の体重配分といった技術的なアドバイスをしたり、連続写真を見せたり、練習補助具を使ったりと、フルスイングの場合とほとんど同じやり方で指導をしている。

本書では、もっと簡単でもっと直感的なパッティングを紹介する。本書を一読すれば、ストロークや連続写真にとらわれなくなり、ラインそのもの、そしてボールを転がすこと自体に意識を集中できるようになるはずだ。

なぜ、こうしたパッティングのほうが簡単で効果的だといえるのか。

わたしがＰＧＡツアーとチャンピオンズツアーで通算25勝（全米プロゴルフ選手権2勝とシニアのメジャー大会3勝を含む）をあげられたのは、パッティングが得意だったからに他ならない。決して飛ばし屋ではなく、平均飛距離ではツアー選手のなかで下から数えたほうが間違いなく早かった。

60年前に父から教わったパッティングの仕方を変えることなく、18ホールのうち8、9ホールでパーオンし、パット数を25、26に抑えることで、賞金を獲得してきたのだ。

そしてその秘訣は他の人にも、誰にでも伝えられる。

このことは現在のツアーでも実証されている。わたしと二人の息子（デイヴ・ジュニアとロン）が指導してきた選手が2010年のプロツアーであげた勝利は合計29勝。このなかには、フィル・ミケルソンによるマスターズ制覇、ヤニ・ツェンによるクラフト・ナビスコ選手権と全英女子オープンの優勝も含まれる。

わたしたちが行うレッスンは、スイングの連続写真にできるだけ近づけるようなものとはまるで異なる。もし選手の一人がわたしたちの誰かに連絡してきて日程が決まったら、まず4時間以上におよぶレッスンをみっちり受けてもらう。内容はパッティングとアプローチだ。

わたしはこの40年のあいだ、数千社におよぶ企業に出向いて講習会を行い、アベレージゴルファーにもまったく同じようにレッスンしてきた。相手がハンデ15のアマチュアであれば、グリップやスタンスに関するアドバイスをするのもいくばくかの意味はある。だがラインの正確な読み方と、そのラインのイメージが鮮明なうちにボールを転がす方法を教えたほうがはるかに効果的だ。

それこそが、つまりパットの下準備のあいだは常に頭をフル回転させるが、実際にパッティングするときには頭のスイッチを切って無意識でパッティングする方法を伝えることが、本書の最大の目的である。

本書を読めば、パッティングの仕方が変わる。5回連続でパットを決めたあとでも外したあとでも、次のパットは決まると思えるようになる。どうすればその域に達することができるのか。それをこれから紹介していこう。

1章では「名前を書くように自然なパッティング」という考え方について説明する。これは実にシンプルなものだ。日常生活で、わたしたちは多くの作業を無意識のうちにこなしている。何かを行うために、どうやって体を動かすかなどいちいち考えたりはしない。運転中であれば、ハンドルを切ったりブレーキをかけたりというちょっとした動作の一つひとつを意識して行うわけではない。

名前を書くときにも同じことがいえる。小切手などに名前を書くときには、ペンを握ってただ書くだけであり、どうやって線を引くかなどと考えてはいない。パットの名手は、これと同じようにパッティングをしている。一連の決まった動作を意識的に繰り返そうとするのではなく、無意識でストロークを行うのだ。

2章では、どんなことに意識を集中すべきなのかを説明する。すなわち、ボールがカップに届くまでの経路である。ゴルファーの多くは、強さと切れ方を判断するためのラインの正しい読み方が理解できていない。

強さと切れ方に対する感覚が合っていなければ、ボールが正しいライン上を転がってカップインするイメージを頭に思い浮かべることはできない。このラインを読む力こそが、パットの名手と普通のゴルファーとの違いなのだ。

ラインを読んだら、次はどうやって思い通りの場所にボールを転がせばよいのだろう。大事なのは、プレパット・ルーティンを細かく分けないこと。そんなことをしてもライン上にボールを転がすのに役立たないどころか、最悪の場合、カップインの可能性を自ら奪ってしまう。

3章では、ラインに意識を集中し、思い通りの場所にボールを転がすのが驚くほど簡単になる、シンプルなプレパット・ルーティンを紹介する。このルーティンでは、パッティング前に素振りする必要もない。

わたしにいわせれば、ほとんどのゴルファーはストロークの仕方をあれこれいじくり回す必要はない。正しく心構えができていれば、思っている以上にパットは決まるようになる。ただし、自分の体型やパッティングのスタイルに合った構え方やストロークといった基本的なことが理解できていれば、不調に陥ったとき問題を突き止めて調整できるようになるだろう。

4章では、パターのより効果的な使い方とボールの転がし方(「打ち方」ではない)を簡単に説明する。

5章では、3パットする理由について考えてみたい。強さや切れ方の判断が甘いというのは序の口だ。ロングパットに臨むとき、フェアウェイ両サイドにハザードがあるパー5のティーショットと同じように作戦を立てないとしたら、せっかくの腕前も宝の持ち腐れになる。厄介なパッティングが残った際に、次のパットを簡単にタップインできる場所まで運ぶ方法を教えよう。

他のどんな要素より、パッティングの腕前の決め手となるのは自信と考え方である。6章では、たとえ直前の数ホールの結果が悪かったとしても、どんなパットでも決められると信じることとの大切さと、こうした自信の築き方について説明する。

7章で解説するのは、用具についてである。自分のスタイルや目に合ったパターの選び方、そしてライやロフト、長さ、視覚がパッティングに与える影響について説明する。さらに、パターに関する真実や迷信も紹介しよう。つまり、グリップのサイズと素材、重量配分、ヘッドの形状に関して、従うべきルールと無視できるルールについてだ。

そして最後の8章では、ラウンド中に直面するおそれのある問題を解決するための、簡単なヒントを紹介する。また、息子たちとわたしがフィル・ミケルソンやアダム・スコット、マット・クーチャー、倉本昌弘、マーティン・レアード、J・B・ホームズ、スーザン・ペターソン、アニカ・ソレンスタム、ヤニ・ツェン、サンドラ・ガル、モーガン・プレッセルといった世界中のプロツアーで活躍する選手たちを指導したときの、レッスン内容やドリルも紹介しよう。

本書を少し読めば、紹介している考え方が他のレッスン書や記事のものとは違うことに気づくはずだ。本書を読み終えたあと、初めてのラウンドでカップを見つめながらパッティングの構えに入り、素振りをせずそのままストロークするときには、少し違和感を覚えるに違いない。

だが、わたしのいうことを、そして自分の無意識の心が持つ力を信じてもらいたい。そうすれば、結果はおのずとついてくるはずだ。

無意識のパッティング

UNCONSCIOUS PUTTING

目次

序文 ——フィル・ミケルソン
まえがき ——デイヴ・ストックトン・ジュニア&ロン・ストックトン
はじめに ——あなたのパッティングは30分で変わる

1章

パッティングに「努力」はいらない
——Your Putting Signature

打ち方は潜在意識が知っている——38
構え方は毎日変わるもの——40
子どものように打つ——43
深遠だった父のアドバイス——45
メジャー・ウィナーへの道——48

2章

〝カップイン〟をイメージする力

——Create a Picture

「知識」が上達の邪魔をする——52
なぜラインが読めないのか——54
大切な〝イメージの具体性〟——57
ラインへの意識を切らさない——60
ルーティンでは何が重要か——65
グリーンを読む際の大原則——66
キャディの読みはあてになるか——70
ゴルフの半分以上はメンタル——72

3章

打つときに考えるべきたった一つのこと

―― Let It Go

打ち方に絶対法則などない――76
スタンスは日によって変わる――80
ムダな「努力」を捨てる勇気――84
時間をかけるほどパットは入らない――87
ボールは意識から消してしまう――91
プラスイメージの力――93

4章

ボールを思い通り転がすための技術

―― Roll Your Ball

「打つ」のではなく「転がす」――98
グリップが両手のバランスを決める――101
距離感には握りの強さが関係する――103
変則グリップにも利はある――112
スタンスは〝ややオープン〟がベスト――118
自分の〝利き目〟を把握する――120
ボールの転がりに「質」はあるか――125
ミケルソンを変えたフォワードプレス――127
やるべきことを明確にする――129

5章

考え方ひとつで3パットはなくなる

── Why You Three-Putt

パッティングにも戦略がある──134
強さとラインはどちらが重要か──136
下りのパットが簡単なとき──139
パットは短いほど難しい──142
能動的に入れる意識を持つ──145
左手でボールを転がす感覚──147

6章

入るも入らないもメンタル次第

——The Mental Game

自分で自分の邪魔をしない——152
結果はいつも考えた通りになる——154
〝あるがまま〟を受け入れる——157
プレッシャーを感じない考え方——159
他人のラインは見ない——162
悪い結果は忘れてしまえ——164
プラス思考の魔術——167

7章

道具が重要であって重要でない理由

―Why Equipment Matters, and When It Doesn't

パターは〝見た目〟で選んでもいい―170
主体的にパターとの関係を築く―172
ロフトのないパターの弊害―174
「この一本」に出会うには―177
打ちやすさは自分の感覚を信じる―180
バッグのどこに入れるか―183

8章

パッティングの不調からいち早く脱出する

―― Troubleshooting

単調な練習に意味はない――188
コースで素早く感覚をつかむ方法――190
効果絶大なラウンド後の「復習」――192
読み違いとストロークのミスを区別する――195
多くの人が持っているアドレス時の悪癖――197
完璧を求めすぎない――199

ボールを転がすことだけに集中するためのドリル――202
ドリル①　ティーの上を通るようにボールを転がす――205
ドリル②　目標を小さく狭め、カップを大きく感じる――207
ドリル③　左手主導の感覚をつかむ――210
パッティングとは感じること――213
謝辞

装丁　FANTAGRAPH
本文デザイン　小口翔平（tobufune）
本文ＤＴＰ　センターメディア

本書は、２０１２年５月に小社からＡ５判で刊行した
『無意識のパッティング』を再編集したものです。

1章
パッティングに「努力」はいらない

One
Your Putting Signature

○打ち方は潜在意識が知っている

相手がゴルフスクールに通い始めたばかりのアマチュアでも、マスターズ優勝経験者でさらに究極を目指そうとしているツアー選手でも、わたしがレッスンの最初にやってもらうのはまったく同じことだ。

まずは、ペンと紙を手渡す。

そして席について普段通り自分の名前を書くよう指示する。

名前を書くのに、どれだけ頭を働かせただろうか。

この質問に対しては、正しい答えも間違った答えもない。ペンを絵筆のように使って慎重に名前を書く人もいるが、ほとんどの人は何も意識せずただ名前を書く。幼いころから繰り返している動作なので、習い性になっているからだ。

紙に名前を書いたら、次はそのすぐ下に、最初に書いた名前をそっくり真似して書くよう指示する。意識的にまったく同じように名前を書くというのは、実際にやってみると非常に難しいことがわかるだろう。

このちょっとした実験で証明したいのは、潜在意識にしっかり植えつけられた動作を行うのは、同じ動作を「努力」して意識的に行うよりはるかに簡単であるということだ。

もうひとつ、別の例を挙げてみよう。

わたしは南カリフォルニアの海岸線から120キロほど入った場所で暮らしている。車でビーチを目指すときは、サイドウィンドウを下げて肘をかけ、ハンドルを持ったままラジオに耳を傾けてドライブを楽しむ。運転歴は50年を超え、アクセルやブレーキを踏むタイミングや強さ、ハンドルの切り方を意識的に考えながら運転していたのは遠い昔の話だ。運転をするという動作は、わたしの潜在意識にしっかり植えつけられている。

自分が同じ状況に置かれているとしよう。あなたは、これまでに何度も運転したことのある道を通って車で家に向かっている。そのとき、突然パトカーが現れて追跡を開始されたらどうなるだろうか。

急に、それまで潜在意識で行っていたすべての動作を意識的に行うことになる。スピードはどのくらい出していたか、警官にスピードを測定されているのではないか、路肩に停車させられるかもしれない、などと考える。つまり、それまではまったく意識することもなかったことのために、余分な労力を費やし、神経を尖らせることになるのだ。

残念ながら、ゴルファーのほとんどはパットのときにこれと同じようなことをしている。まるで誰かに追跡されていて、反則切符を恐れているようなものだ。神経質になり、ストロークを「自分で行う」のではなく、誰かのストロークを真似しようとしている。

わたしにとって、そんなものはゴルフではない。あなたにとっても、それがゴルフであるはずはない。

◯ 構え方は毎日変わるもの

ここ数年、息子たちとわたしが行ってきたレッスンでは、各自がすでに身につけている自然でスムーズで運動選手らしいストロークを、ゴルファーに受け入れさせることに多くを費やしてきた。その指導は、アベレージゴルファーでもツアー選手でも同じだ。

実際の指導では、何か特別なことをするわけではない。無意識のパッティングの核となるのは、ボールがカップインするまでにたどる最適なラインを正確に読むことと、ラインのイメージを残したままその通りボールを転がせるよう一貫したプレパット・ルーティンを行うことである。

ティーチングプロ、レッスン書、ゴルフ雑誌を問わず、多くのパッティングに関するレッスンで問題なのは、機械的に「正常」なストロークを真似して繰り返すことに重点が置かれすぎている点だ。もちろん、こうしたレッスンの意図を批判しているわけではない。もし運転の仕方を教わるのであれば、ハンドルの持ち方、アクセルの踏み方、交通法規を理解しておかなければならないのは確かである。

だが、こうしたストロークのメカニズムに重点を置くレッスンで特に問題だと思われるのは、パッティングで最も重要なメンタル面を軽視している点と、自分に合ったパッティングではなく赤の他人のパッティングを真似させようとしている点だ。

手をどう動かすか、パターをどこまで引くか、パターを真っすぐ引くか弧を描くように引くか、といったストロークのメカニズムについて考えすぎると、本当に意識を集中させるべき「ラインと強さ」に気が回らなくなる。

レッスンを受けにきたゴルファーにわたしが真っ先に話す内容は、他のどんなレッスンとも異なっているかもしれない。ストロークが短くて速いか、それとも長くてゆったりしているか、などということはあまり重要ではない。目標とするラインに対して完全にスクエア（直角）である必要はなく、ボールの位置が日によって少し違ってもかまわない。

大事なのは、自分に合った構え方とストロークを身につけることだ。自分の性格や体型に合っていて、楽に感じられる構え方とストロークである。

体型は一人ひとり違う。背が高く腕が長いゴルファーが楽に感じるスタンスは、背が低く横幅があって腕が短いゴルファーが楽に感じるスタンスとは違う。胸板が厚くて筋肉質で上半身がやや硬いゴルファーのストロークは、痩せていて体のやわらかいゴルファーのそれとは違う。

もちろん、性格も一人ひとり違う。歩き方や行動が素早いエネルギッシュなゴルファーが自然に感じられるストロークは、ゆったりして慎重なゴルファーのそれとは違う。そして情報に対する考え方もさまざまなので、あなたの考え方はわたしの考え方と違うかもしれない。自分が読んだラインをキャディやパートナーに確認してもらわなければ安心できないゴルファーもいれば、他人の意見に左右されず自分自身で読んだラインしか信用しないゴルファーもいる。

加えて、人間は機械とは違うので、同じゴルファーでも毎日同じように感じるわけではない。スタンスをいつもより少し広めにとって、ボールをやや前足寄りに置いたほうが楽に感じられる日があるかもしれない。

どんなゴルファーにも、こうした感覚を受け入れてそれに任せることを勧めている。自分がパッティングするときのボール位置やスタンス幅について質問を受けることも多いが、「状況による」というのがわたしの答えだ。厳密な答えを求めるゴルファーはがっかりするかもしれない。しかし、これは本当のことである。

◯子どものように打つ

本書に書かれているレッスンは、わたしが父ゲイル・ストックトンから50年以上前に受けたものだ。パッティングの名手は、ラインと強さの判断に神経を集中してほぼ全精力を注ぎ込み、どんな動作をするかはほとんど意識しない。大事なのは「フィーリング」であり、体の各部をどう動かすかチェックすることではないのだ。

前述したように、特にフェースの中心でボールを捕まえるという最も基本的な動作を毎回同じようにできない初心者にとっては、ストロークのメカニズムを意識することにも意味はある。基本動作を身につけるのは、運転免許証を取得するための教習のようなものだ。発進やギア操作、加速や停止の方法、そしてハンドルの持ち方や切り方といった基礎を身につけて初めて、「運転」の方法を学ぶことができる。

実際に運転するときは、目の前で刻々と変わる状況を判断し、対応しながらほとんど無意識に体を動かしている。時速360キロでレーシングカーを走らせているドライバーが、ギアチェンジで手をどれだけ動かすか、ハンドルを何センチ切ればどれだけ曲がるかなどと考えているはずがない。これらの動作はもはや無意識で行うものだからだ。

PGAツアーやチャンピオンズツアーの試合における最初のホール（あるいは最終日の最終ホール）でパッティングするときのわたしにも、同じことがいえた。ルーティンを行いながらラインを読み、どのくらいの強さでボールを転がせばいいか判断し、意識を集中させる。コップに氷を入れるのに体をどう動かすか考えないのと同じように、ボールを転がすのに体をどう動かすかなどと考えたりはしない。

本書を最後まで読んでいけば、あなたも同じようにパッティングできるようになるはずだ。なぜそう断言できるのかといえば、これからレッスンする内容の一部は、すでにあなたが理解していることだからだ。

多くのゴルファーはパッティングに関するさまざまな知識をすでに得ており、そのために、かえってパッティングが本来よりはるかに複雑なものになってしまっている。子どもがどうやってパッティングの仕方を身につけるのか、振り返ってみよう。

深遠だった父のアドバイス

わたしの父は、カリフォルニア州サンバーナーディーノにある「アローヘッド・カントリークラブ」に在籍した最初のプロゴルファーだった。わたしはゴルフショップから3軒離れた家で育ち、3歳のときから3番ウッドと8番アイアン、そしてパターを小さなバッグに入れてコースを歩き回っていた。

初心者のときに父から受けたロングゲームに関するレッスンはほとんど覚えていないが(ショートゲームについても同様だが)、振り返ってみると、父はわたしがツアー選手として、さらにはティーチングプロとして成功するための基礎を驚くほど築いてくれた。

そのレッスンの90パーセントは、メンタルの基本（パットやショットのイメージの仕方）だった。あとは、基本に関するちょっとしたコツや用具に関するアドバイスだ。父は、相手の自主性を重んじてやる気を削がない術を心得ていた。子どものわたしにクラブの握り方を少し教えただけで、あとは自由にラウンドしてボールを打たせてくれたのだ。

わたしはコツをひとつ教わると、それを身につけようと何時間か練習をして父のもとに戻り、身につけたから次のコツを教えてほしいと頼んだ。だが父はわたしの言葉に耳を貸さず、ただ「ラウンドしてこい」とだけいった。なぜそのような練習をさせるのか決して教えてくれなかったので、わたしは内心腹を立てることも、気にかけてもらえていないと感じることもあった。

だがそれは正反対だった。父は余計な情報を与える前に基本的な動作をわたしの潜在意識に植えつけ、自由にラウンドすることでそれをしっかり身につけさせたかったのだ。

父は、ゴルフに対する情熱を持ち続けることの大切さも理解していた。

わたしは15歳のとき、サーフィンで大きな事故に遭った。浅瀬から沖に出ようとしたとき、近くにいた女の子がサーフボードのコントロールを失った。当時わたしたちが使っていたのは、木製の重いロングボード。波に押し上げられた彼女のボードがわたしの背中に思い切りぶつかり、わたしは気を失いかけた。何とか陸に上がってしばらく休んでから再び海に戻り、やがてその日のサーフィンを切り上げた。

ところが背中の痛みはひかず、とうとう病院に行くと医者から6本の肋骨にひびが入っていると告げられた。このケガの影響は大きく、野球とバスケットボールを以前のようにはプレーできなくなった。大学に進学するための唯一の手段である奨学金を受けるには、ゴルフをするしかなくなったのである。

次の学期に入り、高校のゴルフチームの一員としてプレーしたが、父は自分の友人が経営する「ギブソン材木置き場」でアルバイトできるように取り計らってくれなかった（わたしは13歳のときからその仕事をしていた）。おかげでラウンド費用を工面できず、6月から9月までのあいだにせいぜい4ラウンドしかできなかった。

秋に新学期が始まると、春までは打ち負かしていたチームメートたちが全員わたしより上手になっていたので、追いつくため必死になった。父は、わたしがゴルフをしたい、負けたくないという気持ちを持ち続けられるようにと考えていたのだ。

その後わたしはプロになり、PGAツアーで10勝をあげた。メジャー大会では1970年と1976年に全米プロゴルフ選手権を制した。チャンピオンズツアーでは14勝し、そこには1992年と1994年のシニアプレーヤーズ選手権と1996年の全米シニアオープンという三つのメジャー大会が含まれる。

◯メジャー・ウィナーへの道

このように大会に出場して得られたいくつかの教訓を、これからの章で話していきたい。ただしその教訓の多くは、わたしがメジャー2勝目を飾った1976年のシーズン序盤に、バイロン・ネルソンと交わした会話に凝縮されている。

わたしは若いころから狩猟や釣りを趣味にしており、その年のシーズンオフは2週間カナダのユーコン準州に出かけていた。ヒツジ、ヤギ、クマ、ヘラジカ、オオツノジカなど、見つけるそばからさまざまな獲物を仕留めるのだ。山を歩き、狩猟や釣りをして、オーロラを眺める。実に素晴らしい旅行だった。

その帰り道、わたしは「サイプレスポイント・カントリークラブ」に直行したが、目的は散歩だった。クラブもゴルフシューズも持っていなかったため、ツアーに出場し始めたころからの親友で同クラブのヘッドプロを務めていたジム・ラングレーに用具一式を借りた。1番ホールのティーグラウンドに立ち、わたしは「前回ボールを打ったとき、わたしは何を考えていたのだろう」と自問する。だが考えるのはやめにして、ただクラブを振ることにした。スコアは14番ホールまでで7アンダー、15番ホールにはホールインワンを達成して16番ホールはバーディ。最終的なスコアは65だったと記憶している。

その数週間後マスターズに出場したとき、バイロン・ネルソンと昼食を共にした。トーナメントを総なめにした1945年のシーズンに何を考えていたのかと尋ねると、彼はスイングについてひとつだけ考えるようにしていたという。彼が生涯続けていたそのやり方とは、試合前に練習場で肩慣らしをしてからラウンドする、というものだった。

そのとき、わたしは父が素晴らしいレッスンを与えてくれていたことに気づいた。

どこかの時点であれこれ考えるのをやめて、自分の持つ知識を信頼すること。自分の動きをイメージして、そのイメージ通りに動くこと。こうしたことを父が教え込んでくれていたおかげで、ひとつのことに意識を集中してツアーを戦い抜き、46年後のいまも同じことができるのだ。わたしほど恵まれていた人間が他にいただろうか。

いまは息子たち（デイヴ・ジュニアとロン）と一緒にレッスンを行い、父から教わった考え方をさまざまなところで話しているが、父がそれを誰に教わったのか疑問に思っていた。つい最近まで、わたしはそれが誰なのか知らなかったのだ。

１９３０年代から40年代にかけて著名だったティーチングプロの一人に、アレックス・モリソンがいる。彼は世界初のゴルフレッスン書である『Better Golf Without Practice』(練習をせずにゴルフが上達する）を執筆したが、おそらく彼が最も知られているのはヘンリー・ピカードのコーチとしてだろう。ピカードは１９３８年のマスターズと翌年の全米プロゴルフ選手権で優勝し、ティーチングプロとしてベン・ホーガンとサム・スニードを指導した。モリソンのレッスン書を読み進めてみると、子どものころから父に教わっていた内容をそのまま読んでいるかのようだった。

本書は、父がゴルフについて持っていた知識、そしてメンタルの大切さを次世代のゴルファーに伝えるためのものだ。かつてバイロン・ネルソンが語っていたゴルフのシンプルさを表す言葉を、現代のゴルファーに贈りたい。

「ゴルフとは、自分の名前を書くのと同じくらい簡単なものである」

2章
“カップイン”をイメージする力

Two
Create a Picture

○「知識」が上達の邪魔をする

パッティングはシンプルな動作である。カップに入るまでにボールがたどるラインを読んで、そのラインを頭に叩き込み、イメージが鮮明なうちにストロークする。

だが多くのゴルファーにとって、それほどシンプルなものだとはいえない。

相手がツアー選手でもアマチュアでも、わたしはレッスンの最初に1章で述べた「名前を書く」という体験をしてもらうが、次はパッティングでよくあるシンプルな状況を設定する。約15センチ切れる4メートル弱のラインを用意し、その1打にメジャー大会の優勝、Qスクール（ツアー出場のためのテスト）通過、クラブコンペの下位クラス優勝など、何か重要なものがかかっていることにしようと相手に告げるのだ。

そしてラインを読んでから実際にストロークするまでの、一連の動作をやってもらう。これによって、相手がどのようにラインを見るか、どのようにそのイメージをボールの転がりに変えるかがわかる。

残念なことに、腕前に関係なく自分でパッティングを難しくしているゴルファーがあまりに多い。うまくパッティングするのを自分で邪魔しているのだ。ラインを最後まで読み切らない人、正確にラインが読めない人もいるが、ラインを読んでからストロークするまでのルーティンに頭を使いすぎて、イメージしたラインを忘れてしまう人もいる。

その原因は、途中でラインを見つめるのをやめてしまっているか、プレパット・ルーティンが長すぎるかのどちらかだ。プレパット・ルーティンが長すぎると、ラインを見ることができないばかりでなく、まるで違った方向を狙ってボールを転がすことになる。

ここで大切なのは、グリーンを読むこと、そしてボールを転がすことがどれだけシンプルなものかを思い出すことだ。

わたしが「思い出す」という言葉を使うのは、ほとんどのゴルファーが、すでにどうすればいいかを「知っている」に違いないからだ。せっかく技術を身につけていても、余計な知識やコツ、習慣が邪魔になっているのである。

幼い子どもにパターを渡し、握り方の基本を教えてから練習グリーンで自由にやらせてみるといい。あっという間に傾斜でボールがどう転がるかを直感的に理解して、びっくりするほどうまくボールを転がせるようになるはずだ（おまけに怖いもの知らずである）。

こうした本能的な動作ができなくなるのは、メカニズムに関するありとあらゆるアドバイス、グリーンの読み方に関する経験則、大事なパッティングを外した苦い思い出の積み重ねなど、さまざまな「知識」を蓄えたせいなのだ。

○なぜラインが読めないのか

まずは、ラインの読み方について話そう。

最大のポイントは、カップまでにボールがたどる軌跡を頭のなかでイメージすることである。残り距離、傾斜、芝目といった状況を分析し、それに合ったラインを選択する。強さと方向の正しい組み合わせを選択するのだ。

多くのゴルファーがグリーンを読むとき行っている念入りな動作は、これまでに少しずつ身につけてきたものだろう。お気に入りのツアー選手がカップの後方でしゃがみ込み、一心に目を凝らしているのを見て、それを真似している人もいる。パターを目の前で吊り下げている人もいる。その正しい方法も、理由もよくわからないにもかかわらず。

やがてこれが習慣となり、ラインを読むたびにこの念入りな動作を行うようになるが、実際のラインをイメージするのに役立つ情報はほんのわずかしか（またはまったく）得られない。こうした動作を行う人の多くは、どこまでボールを運ぶかではなく、ボールそのものに意識を集中させているためだ。

ところで、わたしは誰もが同じ手順でグリーンを読むべきだとか、すべての手順が十分に意味を持つべきだと主張するつもりはない。ラインが見やすくなり、打つときに余裕ができ、読んだラインが信頼できるような動作をしてもらいたいと願っているだけだ。

この章の最初で触れた4メートル弱のパッティングにおけるフィル・ミケルソンのルーティンを初めて見たとき、わたしは彼の動作に驚いた。ボールとカップの周囲をほとんど420度ぐるりと周回したのだ。ラインを山側から、カップ後方から、谷側から、ボール後方から、ボールが描く曲線が最も膨れるであろうポイントの後方から見る。すべては、自分の読んでいるラインに納得するためだ。

もしこうした一連の動作でラインが見やすくなり、自分に合ったペースでストロークする妨げにならないのであれば、わたしは何もいわない。だが、ラインが見やすくなるわけでも、より納得できるわけではないのにプレパッティング・ルーティンに2分もかけているとしたら、不安になるための時間と外したときの言い訳を考える時間が長くなるだけだ。とても意味があるとはいえない。

そもそも、グリーンを読むという手順を踏むゴルファーがほとんどいなくなってしまったように思える。その原因はカートだ。わたしが若いころは誰もが歩いてラウンドし、バッグも自分で担いでいた。ティーグラウンドからグリーンに向かうとき、起伏の変化や芝生の硬さを自分の足で感じ、グリーン面の大きな傾斜を確認することができた。つまり、グリーン上で水がどの方向に流れていくかを判断できたのだ。それによって、グリーン上でボールがどのように切れていくかもほとんど決まる。

しかし、グリーン脇までカートで乗りつけ、そこから歩いてグリーンに向かったところで、目と足を通じて得られる手がかりはほんのわずかだ。ラインを選ぶための情報を多く集めるには、かなりの努力が必要となる。

これからしようとしているのは、わけのわからない複雑な物理学ではない。比較的シンプルな手順でラインを感覚的に把握できたら、あとは直感に任せるのみ。その方法、つまり自分の直感を信頼し、直感に任せる方法をこれから話していきたい。たとえ自分の選んだラインが間違っていたとしても、ラインを読みもせず適当にボールを打つよりはよい結果が得られるはずだ。

◯大切な〝イメージの具体性〟

ここで、わたしのラインの読み方を紹介しよう。グリーンを読むという作業を、シンプルでより精密なものにするヒントになるかもしれない。

一番大切なのは、ボールの切れ方をおおまかに把握することだ。上りの6メートルであれば簡単だが、ほぼ真っすぐに見える3メートルだとそう簡単ではないかもしれない。大事なのは、どんなラインを読む場合でもボールの切れ方をしっかり把握し、ボールがどの部分からカップインしていくかを判断できるようにすることである。

わけがわからないと思われないように、「どの部分から」とはどういう意味かを説明しておきたい。ゴルファーの多くは、まるでカップを標的にして銃を撃つかのようにラインを見つめる。ボールは1本しかないライン上を転がり、そのラインはカップの中心を通っていると考えるのだ。このように考えてパッティングすると、カップの幅を十分に生かしきれず、ミスの許容範囲も狭くなる。カップインする部分がカップの真ん中しかないとすれば、パットを決めるには、中心を通るラインとカップの縁が交わる部分から左右にほんの数センチしか外せないことになってしまう。

一方、わたしが右から左に15センチ切れる4メートル弱のパットに臨むときは、ボールが4時の方向からカップに吸い込まれていく曲線をイメージする。ライン通りにボールを転がすことができれば、タッチが少し強すぎても、山側の3時、あるいは2時の方向からカップインする可能性はまだ残されている。タッチが少し弱すぎても、5時または6時の方向からカップインする可能性がある。

このようにイメージすることで、目標がより具体的になるだけでなく、ミスをしてもカップインする可能性が高まるのだ。カップの中心（6時の方向）を狙った場合、タッチが弱すぎるとカップインの見込みはなくなる。タッチが強すぎると（加えて、実際よりボールが切れていくと考えていたら）、ボールはおそらくカップをなめて外れ、下りで左右に傾斜のついた返しのパットが残る。

わたしは、グリーンに上がってボールをマークしながら、目と足を使ってパットのおおまかな切れ方を判断する。真っすぐなラインはせいぜい1・2～1・5メートルまでなので、このおおまかな切れ方が大事な要素となる。グリーンの微妙な局面を見て、ボールをどの部分からカップインさせるか、きわめて具体的にイメージするのだ。

パターを目の前で吊り下げて、ラインを読もうとしているゴルファーを見かけることがある。もしこれを正しい方法で行ったとしても（これも実は難しいのだが……）、ボールが左右どちらに切れるかがわかるだけで、どれだけ切れていくかがわかるわけではない。

まずボール後方でしゃがみ、ボールがおおまかにどう切れていくかを判断する

ボールの切れ方が判断できないとき、わたしもたまにこの方法を試してみるが、完璧に正しい方法で行わなければあまり情報は得られない。ボールの真後ろに立ち、パターのシャフトがボールとカップと一直線に見えるよう目の前で吊り下げ、カップを自分の利き目で見る。すると、シャフトの左右どちらかにカップが見えるはずだ。カップが見えたほうが、ボールが切れていく方向となる。

ただし、カップとボールを結ぶラインの延長線上に正しく立っていない場合や、両肩の高さが同じになっていない場合、正確な結果は得られない。

○ラインへの意識を切らさない

ボールの強さと切れ方がおおまかに判断できたら、次に谷側、つまりボールが描く曲線の頂点の反対側に移動する。具体的にいうと、例の右から左に15センチ切れていく4メートル弱のパッティングであれば、カップの左側（カップに向かってボール後方から見ているとする）に歩いていき、ボールとカップの中間でラインからおよそ5歩離れたところで立ち止まる。

なぜ谷側からラインを見つめるのかといえば、グリーン全体の傾斜を眺めるのに最適だからだ。わたしのいいたいことをわかりやすくするために、本を1冊手にとって目の前で開いてもらいたい。本を手前に傾けるとちゃんと読めるが、奥に傾けると何が書かれているのかわからなくなる。谷側に立てば、ボールを転がすべき距離も強さも、微妙な上り下りの具合も、よりはっきり確認できるのだ。


アップダウンの激しいパッティングをする場合、わたしもカップ後方からラインを見つめることもあるが、たいていは谷側から見るだけでラインを決めるには十分である。

谷側から見るとき、わたしはラインを三つに分けて考えており、最も意識を集中させているのは最後の三つ目の部分だ。3メートルのパットでも9メートルのパットでも、ボールが最も大きく切れるのはスピードが落ちてくる最後の部分である。この三つ目の部分でボールがどのような曲線を描くか、厳密にどの部分からカップインするかイメージする。

谷側からラインを読んだら、再びボール後方に移動して1秒か2秒しゃがみ込んでラインを確認する。このとき、ラインを読んでいるわけではないというのが重要なポイントだ。

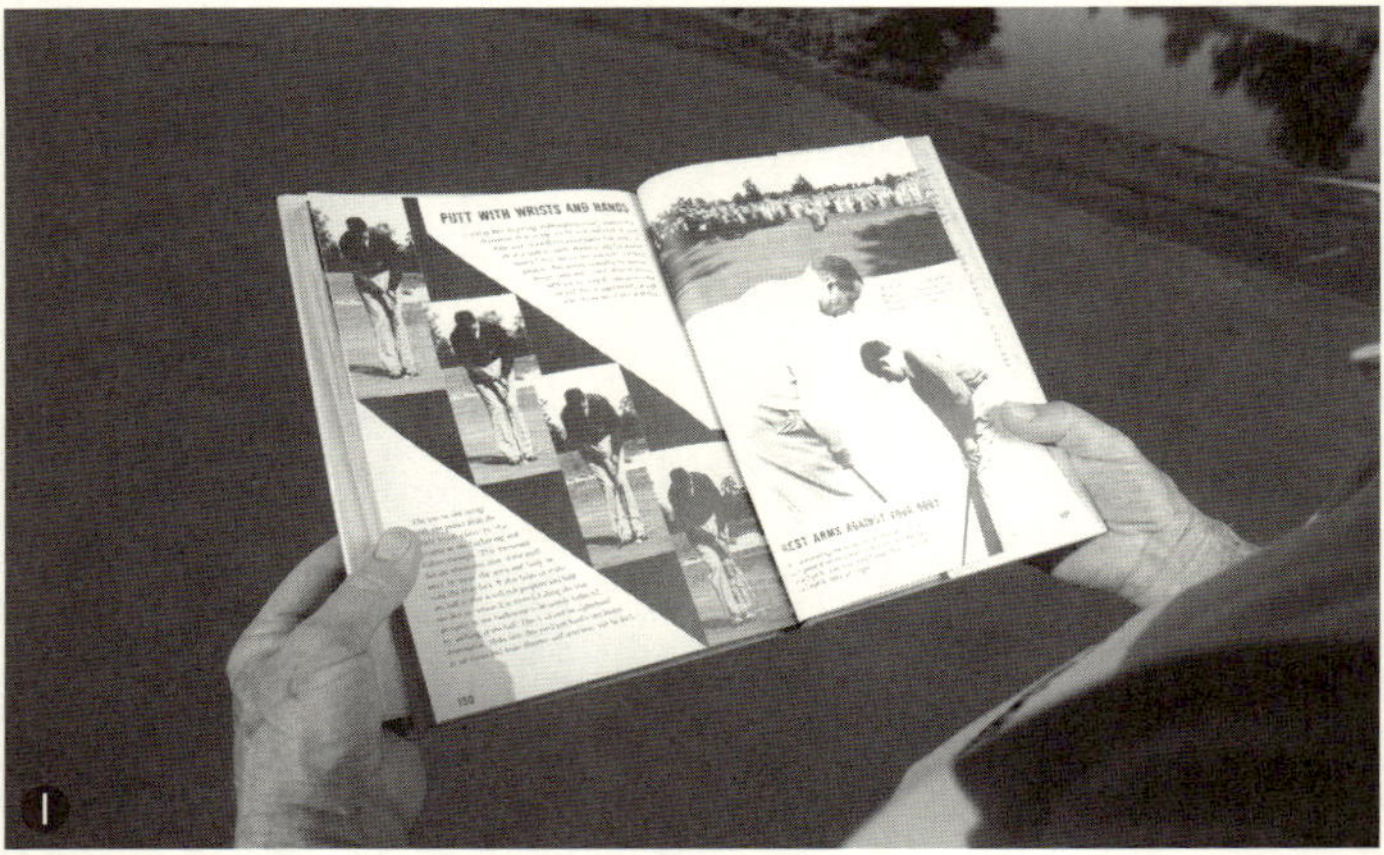

本を手前に傾けると文章も写真もよく見える

本を奥に傾けると非常に読みづらくなる。つまり、ラインを谷側から読めば山側から読んだ場合よりよくわかるということだ（写真の本は、父を指導したティーチングプロ、アレックス・モリソンが1940年に著した『Better Golf Without Practice』の初版本）

強さとラインが決まったら、あとはそのイメージが頭から消えないようにすること。プレパット・ルーティンのあいだ、わたしは常にラインを見つめ、意識を集中させている。大切なのは、見つめているラインの通りにボールを転がせるよう構えることだけだ。

確認のためにボール後方でしゃがみ込んだらすぐに腰を上げ、パターを持っていない右手で（パターは左手で持っている）2回ほど感触を確かめるために軽く素振りをしながらボールに歩み寄り、最初に右足を、次に左足を踏み出しながら両手でグリップする。

このあいだ、わたしはずっとラインを見つめている。次にパターをボール前方に置き（まだラインは見つめたまま）、スタンスを調整する。ここで視線をボールに戻し、パターヘッドを持ち上げてボール後方に置く。

最後にもう一度カップを見つめ、次にボールの少し先をじっと見てストロークを開始する。ラインに対する集中は絶対に切らさない。

多くのゴルファーがしくじるのはここだ。きちんとプレパット・ルーティンを行って完璧に正しいラインが読めたとしても、構えて何度か素振りをするあいだに、ラインに対する集中が切れて視線がボールに移ってしまうのだ。

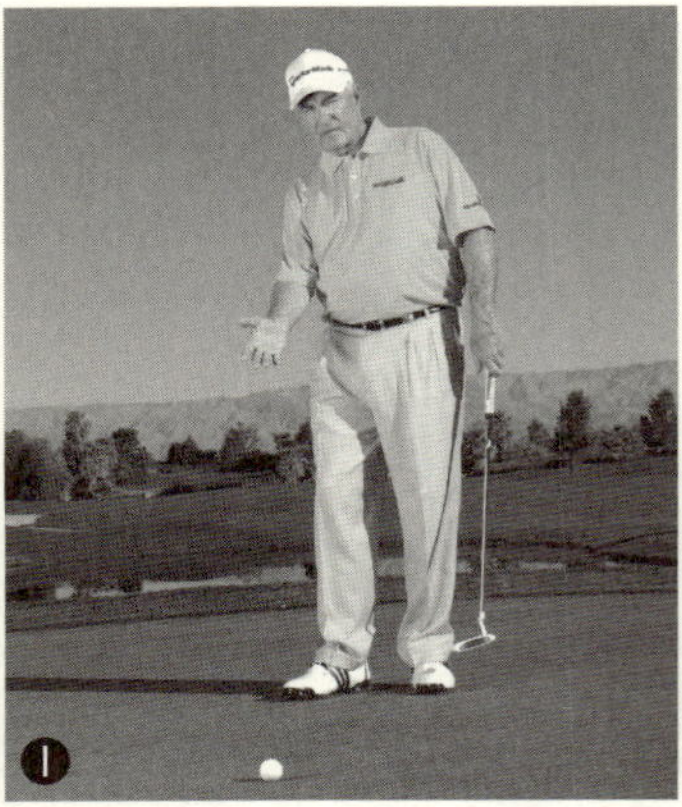

ラインを読んでからストロークするまで、ラインに意識を集中させている。最初に、パターを持っていない右手で軽く素振りをしながらボール後方から歩み寄る

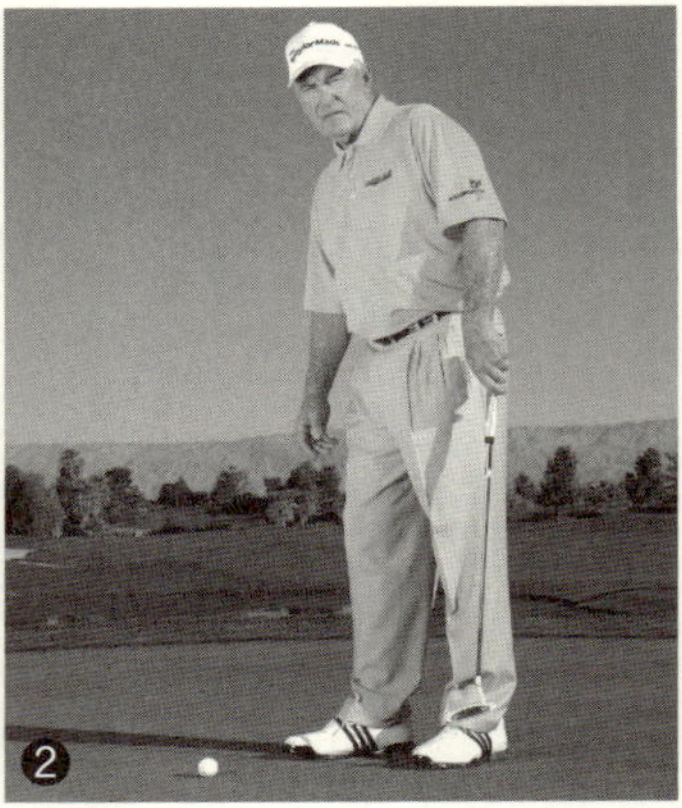

まだ腰をかがめず、両目でラインをしっかり見つめたまま右足を踏み出す。ラインを見やすくするためにややオープンに構えられるよう左足を踏み出し、頭を上げたまま目標を見据える

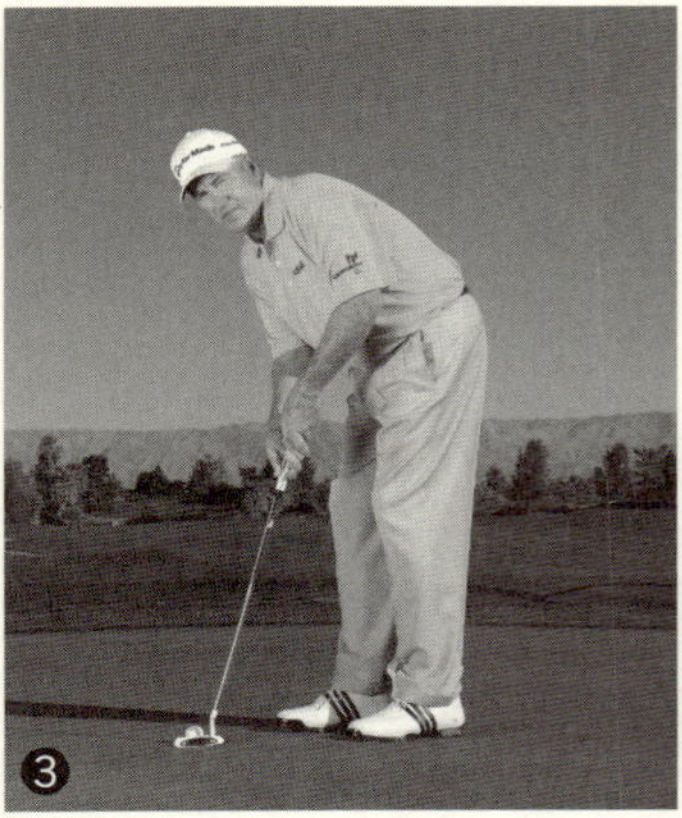

パターをボール前方に置く。ラインを見つめながら頭をゆっくり下げる

スタンスを調整して、パターをボール後方に移動させる

○ルーティンでは何が重要か

ラインではなくボールに集中してしまうことは、トップゴルファーにも起こりうる。

2009年のザ・ツアーチャンピオンシップの前週に、フィル・ミケルソンの指導を開始したときのことだ。彼のプレパット・ルーティンは、構えてから実際にストロークするまでにカップとボールを交互に6回ずつチラチラ見やるというものだった。

「見やる」という言葉を使っているのは実際にその通りだったからで、見ている時間があまりにも短すぎて、何らかの情報が得られるようなものではなかったのだ。

その週のうちに、彼のルーティンは目標を1回だけじっと見つめるというものに変わった。ラインを見つめる時間は以前より長くなり、それに大半を費やすようになる。そして、ラインに納得できるまでストロークをしないと決心していた。

ボールではなくラインに意識を集中させることで、彼はザ・ツアーチャンピオンシップの4日間で4・5メートル以上のパットを9回も決め、優勝を手にしたのだ。

あらためていうが、プレパット・ルーティンで何をするかが重要なのではない。読んだライン通りにボールを転がすという、最大の目的を達成できればそれでいいのだ。

フィル・ミケルソンとアニカ・ソレンスタムは、構える前にボール後方でラインに正対したまま素振りする。わたしは素振りをしないが（理由については次の章で説明する）、素振りをすることで納得しやすくなり、リズムを保てるのであれば大いに結構だ。

だが、ボールの横に立って素振りをしているうちにラインのイメージがぼやけたり、狙いが微妙に狂ったりするのであれば、本来のパッティングは望めなくなる。ボールの横で素振りをするゴルファーにありがちなのは、素振りをしてからボールに近づいてアドレスに入るとき、目標とするラインに対してあまりにもスクエアに構えてしまうことだ（クローズに構える人もいる）。この構え方が、決まるか外れるかを決めることも多い。

◯グリーンを読む際の大原則

ボールのスピードと切れ方に影響する要素のほとんどは、予想がつくだろう。なかでも傾斜（左右どちらに切れていくか、上りか、下りか）とグリーンの硬さが特に重要だ。芝が短く硬いグリーンでは、芝が長く柔らかいグリーンより当然球足は伸びる。

芝の種類によってもボールのスピードと切れ方は変わる。バミューダ芝は芝目がきつく、夕日の方向に伸びるという特徴がある。またグリーン上を水が流れただけで、緩やかな傾斜ができる。

グリーンから少し離れたところで見ると、芝目の向きはとてもよくわかる。順目の場合は芝が輝いて見えて、逆目の場合は芝がくすんで見える。一般に、順目のパットでは球足が伸び、逆目のパットでは球足が伸びない。ボールが切れていく方向が順目だと大きく切れていき、逆目だとあまり切れなくなる。

芝の種類に関係なく、どのグリーンでも排水するためのエリアが左右、または前後のどちらかに設けられている。多くのコースでは、プラスチックや金属製の小さな排水格子が見つかるはずだ。グリーンには雨が降っても表面に水が溜まらないよう少し傾斜がつけられており、もちろんこの傾斜はグリーン上のあらゆるパットの切れ方に影響する。

どこからパッティングしても、ボールが排水溝に向かって切れていくというわけではない。しかし、ボールがどう切れていくか読みづらいときには役に立つ情報だ。

コースが起伏の激しい土地に作られている場合、それも情報として活用できる。海に近くて古いコースであれば、たいていのグリーンでは海側に向かってボールが切れていく。自然の川や湖があるコースのグリーンでは、一般にこうした川や湖に向かってボールが切れていく。そこは自然に雨水が流れ込む場所だからだ。

たとえば、「オーガスタ・ナショナル・ゴルフクラブ」の11番ホールから13番ホールまでの、通称「アーメン・コーナー」近辺でパッティングすると、たいてい13番ホールのグリーン手前にあるレイズ・クリークと呼ばれる小川に向かって切れていく。やはり、ボールの切れ方が判断しづらいときには役に立つ情報だ。

ただし、こうした原則が適用されないこともある。サウスカロライナ州にある「カイワーアイランド・ゴルフリゾート」などの新しいコースでは、グリーン上のボールが海とは反対側に切れていくことが多い。環境面に配慮して、農薬などの化学物質が海などに流れ込むのを防ぐためである。

これらのあらゆる情報を、どのようにパットの読みに結びつけるのか。強さと切れ方という二つの要素については、言葉でどのくらいと説明するのは難しい。

ドライバーでティーショットを打つのは物理学かもしれないが、パッティングは一種の技法である。自分の名前を書くときのように自然なストロークができるようになるにつれ、強さを感覚的にコントロールできるようになるのだ。

そして、どこかのコースをラウンドすると、そのグリーンではどのくらいの強さでパッティングすればいいか感覚的にわかるようになる。その感覚の積み重ねが、実際のストロークでどれだけ手を動かせばいいかを決めてくれる。

同じ3メートルのパットでも、「オーガスタではペブルビーチに比べてテークバックが3分の1になる」などという公式はない。雨に濡れた高速道路で運転するとき、無意識のうちに車間距離を調整しているようなものだ。多くの人は、もしものときに対応できるよう少し広めにするだろう。

ボールを正しく転がす方法、そしてそれを身につければ、すぐに感覚が研ぎ澄まされて強さをコントロールできるようになることは、4章でもう少し詳しく説明しよう。

○キャディの読みはあてになるか

よく受ける質問のひとつに、「どれだけ具体的で正確なラインをイメージするのか」というものがある。わたしの答えは2段階に分かれる。

ボールがカップに届くまでのラインにしたいときは、カップまでのきわめて具体的な軌跡をイメージする。ボールがどう転がるかを詳細にイメージするのだ。ただし、そのために10分もかけて、傾斜や芝目やグリーンの状態などを「完璧に」頭に詰め込む必要はない。こうした情報にばかり縛られると、いつでも自分自身を疑うことになる。すると、たとえ完璧なラインを読んでいても思い通りにストロークできなくなるだろう。

完璧である必要はない。自分の第一印象を信頼すれば、リラックスしてスムーズにストロークできる。わたしの経験からいえば、潜在意識で行うべき行動に時間をかけて成功したためしはない。そのパットに何か重要なものがかかっていたとしても、いつも以上に時間をかけたところで余計にぎこちなくなるだけだ。

また、特に初めてラウンドするコースではグリーンの読みに関するキャディの力は大きいので、キャディとどんな関係を築いていくのか最初の段階で考えておく必要がある。もし二人ともラインを読んで意見が合わなかったら、多少の疑念を抱きながらストロークすることになるだろう。おまけにラインの読みについては、どんな強さでボールを転がすべきかという個人の判断によるところが大きいが、これについてキャディと選手が同じように考えていることはおそらく珍しい。

ツアーの試合でわたしがやっているように自分自身でラインを読むか、それともラインに関しては完全にキャディに任せてしまうか、どちらかに決めるべきだ。ツアーでは、練習ラウンド中に選手とキャディが話し合ってどちらにするかを決めておく。その週は、選手とキャディ、どちらのグリーンの読みが合っているのだろうか？

ときどき（バミューダ芝であればたいていい）、わたし自身もキャディの読みに任せてラウンドすることがある。特に、キャディがそのコースをよく知っている場合にはそうすることが多い。

○ゴルフの半分以上はメンタル

ここでもう一度、正しいラインを選ぶことより正しい強さでボールを転がすことのほうが重要だと強調しておきたい。

わたしは父から、「パッティングでショートは絶対にいけない。だが45センチ以上オーバーしてもいけない」と教え込まれた。子どものころは、カップインさせたいエッジ部分にティーを差し込み、もう1本のティーをカップの45センチ後方に差し込んで、ボールがそのティーをオーバーしないようにする練習ばかりしていた。

このように2本のティーを使えば、グリーンのどこからでも2球ずつパッティングするだけで（これについては後述）、ラインの読みがうまくなる。それだけでなく、強さもコントロールできるようになるので、カップを大きく外すことがなくなる。

3パットの原因は、ラインの読み間違いより強さの間違いのほうがずっと大きい。たとえラインを読むのが苦手でも、カップの左右に1メートルも外すケースはほとんどない。

トラブルになるのは、ボールの勢いが弱すぎたり強すぎたりする場合だ。

強さをコントロールできるようになれば、当然カップの近くでボールが止まるようになり、理想的なラインをイメージしやすくもなる。アマチュアのほとんどは、たいていボールがあまり切れていかないと考えてパッティングしている。だが強さをコントロールできるようになれば、自分の思った以上にボールが切れてカップを外すのが嫌になり、狙いを自分で調整できるようになる。

この章で最後に述べるアドバイスは、地味ではあるが短期間で最大の成果をあげるのにうってつけだ。

ストロークの練習をするより、ラインを見ながらライン通りにボールを転がすことに練習時間の半分以上をあてること。わたしが企業に出向いたりして講習会を行うと、決まって誰かが近寄ってきて、メカニズムに関するドリルを教えてくれとせがまれる。

そのドリルを教わって練習グリーンで何度も繰り返せば、「パッティングの名手」に変身できると彼らは考えているのだ。

わたしにいわせれば、このような考えは大きく的を外している。

たしかに、うまくストロークできれば有利だ。わたしとしても、楽に感じられてラインが見やすくなる構え方をしてもらいたいと思っている。だがゴルフの50パーセントがメンタルだとすれば（これでも控えめな数字である）、少なくとも50パーセントはメンタルとイメージ作りに関する練習をすべきではないだろうか。

この章と次の二つの章でメンタルについて考えるとき、この比率を肝に銘じておいてほしい。思考力と判断力を高めれば、メカニズムに関する練習をしたときと同じくらい、いやそれ以上にスコアはアップする。おまけに、ラインを見てその通りにボールを転がすというのは、誰にでもできることだ。

不可解なことでも驚くべきことでもない。その方法を理解して自分にもできると信じれば、いくらでもパッティングは決まるようになるのだ。

3章

打つときに考えるべきたった一つのこと

Three
Let It Go

◯打ち方に絶対法則などない

あなたが本書を手にした理由は、おそらくパッティングのときにすべきことについて、もっと情報を得たいからではないだろう。

そして、それこそが根本的な問題なのだ。

パターヘッドを1メートル弱しか動かさず3秒もかからないストロークに関して、ほとんどのゴルファーは膨大な情報に囲まれている。正しい情報や間違った情報、そして矛盾する情報があり、それらに圧倒されてしまうのだ。そしてストローク中にあれこれ考えるのが当たり前とされているため、多くのゴルファーはたくさんのチェック項目がないと納得できなくなっている。

わたしが初めてゴルフスクールを開催したときのことは忘れられない。コロラドで、16人の受講生を相手に2日半かけてレッスンした。その後、一人の受講生が実に100枚以上にわたってメモと質問をびっしり書き込んだ手紙を送ってきた。

なんということだろう。その受講生はまったく理解してくれていなかったのだ。パッティングにチェックリストなど必要ないということを。

その受講生のような真似をしてはならない。

パッティングで最も難しいのは、あふれる情報の海を抜け出し、あれこれ考えずにストロークすることだ。これは正しいラインを読むより、ストロークのメカニズムをいじるより大変だ。ラインを読んでから実際にストロークするまでにどんなことを考えていたとしても、問題なのはその情報をどう理解し、整理してボールに正しい回転を与えるかだ。それこそが、パッティング上達の秘訣である。

この章では、ラインを見てグリーンを読み、ストロークを開始するまでの動作について、確信と自信を持ってパッティングする方法について解説しよう。

正直にいうと、最初は少し「無防備」だと感じるかもしれない。メカニズムについて考え、ボールを転がす前に行うほとんど無意味な習慣的動作で、ある種の安心感を得ている人がほとんどだからだ。こうしたプレパット・ルーティンはクセのようなものなので、それを直そうとすると最初は違和感を覚えるだろう。

たとえば、講習会で指導する前によく次のような質問を受ける。真顔で、「6メートルのパットではどれだけテークバックすればいいのか」というのだ。

ロングパットではパターヘッドを引く距離を長くするべきか、それともただスイングを速くするべきかという議論であれば、こうした質問が出てくるのもわかる（わたしの場合、ロングパットではインパクト時にパターを急加速するのではなく、テークバックとフォロースルーを大きくするのが合っている）。

だが、先の質問をする人が求めているのはもっと具体的な答えだ。パターヘッドを右足の内側もしくは外側まで動かすのか、あるいは何センチ動かすのかという具体的な数字を求めているのである。

一部のティーチングプロ（やゴルフ雑誌）の影響で、パッティングが理解しにくい動作だと思われるようになってしまった。そのため、パターヘッドを何センチ引くといった、わかりやすい指針のようなものを求めるゴルファーがいるのも無理はない。パッティングという難問を「解決」する方法を求めているのだ。

だが、フィーリングとラインにより忠実になれば、パッティングとは思っていたよりずっとシンプルなものであること、そして強さやパターフェースへの当て方を直感でより繊細にコントロールできることがわかる。

目標ラインに意識を集中させたままスタンスに入り、まず右足を踏み出す

スタンスの幅が自分にとって楽に感じられるよう左足を踏み出し、ややオープンに構える。この動作のあいだに、ボールを意識しすぎないための手段のひとつとして、パターをボール前方に置く。ストロークしたとき、ボールは最初にこのパターの位置を通ってライン上を転がる

最後にもう一度カップを見つめ、パターを持ち上げてボール後方に置き、ストロークを開始する前に一瞬だけ視線を下に落とす。ただし、ボールではなくその3〜5センチ先を見つめるのだ。ストロークは潜在意識で行い、ボールが狙った場所を通って転がるのを確認する

テークバックで右肘をどこまで動かすべきか、スタンス幅をどうすべきか、パターをどこまで引くべきかなどと考えなくなり、ラインやボールを転がすことに意識を集中できるようになる。工場での流れ作業のように機械的な動作を繰り返すだけだったパッティングが、ラインを読んでそのラインに合わせるという、よりスポーツらしい動作に変わるのだ。

そのほうがシンプルで、より効果的にボールを転がせることは間違いない。もちろん、より満足感が得られて楽しいこともだ。

あなたがどう感じるかはともかく、わたしがいまでもゴルフをしていて楽しいと感じられるのは、ゴルフ場に仕掛けられたパズルを解いているような感覚によるところが大きい。わたしは自分の感覚と腕前を頼りにスコアメイクしてきたのであり、毎回同じように機械的な動作を繰り返すだけで68というスコアを叩き出したわけではない。

◯ スタンスは日によって変わる

前の章では、ラインを読んでからボールの位置で構えるまでの手順について簡単に説明した。目標ラインの延長線上にあたるボール後方から歩き出し、目標を見つめたまま、パターを持っていない右手で何度か軽く素振りをして感触をたしかめる。

そして最初に右足、次に左足を踏み出す。ここで大事なのは、スタンスをとると同時にボールが目標ライン上を転がっていくのをイメージすることだ。この二つは密接に関連している。大事なポイントなのであらためていうが、それこそが、ストローク中にあれこれ考えないためのカギを握っている。意識的にラインを決断し、そのラインに納得して狙いが定まったら、ストロークを潜在意識で行うのに一歩近づいたといえるだろう。

ここで、初心者やハンデ10のアマチュアからツアー選手まで、あらゆる腕前のゴルファーから「どのような形で構えればいいのですか？」という質問を受ける。わたしの答えは常にひとつだ。

「知りたいのはこちらです」

構えて、ラインを見つめてあれこれ考えずにパッティングするには、納得していることと自信を持っていることが必要だ。こうした要素は一人ひとり異なり、一人のゴルファーでも日によって異なる。

構え方とメカニズムに関する全般的なことは次の章で述べるが、その内容のほとんどは、自分にとって楽に感じられる構え方とメカニズムをいつでも保つということだ。

ローレン・ロバーツ、ベン・クレンショー、フィル・ミケルソンといったパッティングの名手を何人か挙げてみても、構え方はみな違う。微妙な違いもあれば、大きな違いもある。ローレン・ロバーツとボビー・ロックの二人を見比べると、とても同じスポーツをしているとは思えない。ローレン・ロバーツは棒立ちに近い姿勢でスタンスはかなり狭く、真っすぐテークバックして真っすぐフォロースルーをとる。ボビー・ロックは体をかがめた姿勢でパッティングをして、いつもかなりのフック回転をかけてボールを転がしていた。

わたしは大会に出場するようになって40年以上経つが、構え方、ボールの位置、スタンスの幅は大会ごとに違う。もちろん、それほど大きく違うわけではないが、日によってはスタンスを広くしたほうがラインが見やすくなることもある。

また同じ日のラウンド中でも、スタンスの幅を4、5通り使い分けることもある。下りの速いラインでは狭く、ロングパットでは広くする。つまり、楽に感じられるか、ラインが見やすいかという要素によってスタンスは変わるのだ。

スタンスが狭い人（❶）もいれば広い人（❷）もおり、どちらが悪いとはいえない。ラインが見やすくなるのであれば、自分にとって楽に感じられるように構えればいい

◯ムダな「努力」を捨てる勇気

1章では、ラインを読み終わってからボールを転がすという動作へ、自分の名前を書くように自然なリズムで移ると解説した。ラインが決まったら、次は実際にストロークすることになる。フィル・ミケルソンのやり方はわたしとは違うが、ルーティンの目的は同じだ。ラインを見つめながら構え、納得してあれこれ考えないことである。

LPGAツアーでの実例を二つ挙げよう。2001年にアニカ・ソレンスタムの指導を開始したとき、彼女のフルスイングは女子ツアー史上最も素晴らしく特徴的なものだった。感じたままにボールの前で構え、インパクト時にはボールが飛び出す方向がよく見えるようにヘッドアップしていた。

ところが、パッティングでは何をすべきか考えすぎて、必死に「努力」していた。彼女はパッティングをどうにかしなければならないと自覚していて、メカニズムについて考えながら練習することにかなりの時間を費やし、わけがわからなくなっていたのだ。

最初に会ったとき、彼女はまだ素振りが必要だと確信していたため、フィル・ミケルソンと同じような素振りの仕方を彼女のルーティンに取り入れることにした。ボール後方で、目標ラインに正対したまま素振りをするのだ。それでもスタンスに入る動作は機械的かつ入念なもので、ストロークは安定しなかった。

なんとかストローク中に考えすぎないようにしてもらいたいと願っていたところ、2、3回目のレッスンまでに彼女はコツをつかんでいた。新しいルーティンは、フルスイング同様に素晴らしいものとなる。2001年シーズン中、彼女は8勝を飾り、それから5年間のうちに生涯10勝のメジャー勝利のうちの8勝をあげた。

もう一人例を挙げよう。LPGAのスター選手で、台湾出身のヤニ・ツェンがカリフォルニアにわたしを訪ねてきたのは、2009年シーズンの終盤、カナダにおける試合の最終ラウンドで40パットを叩いた直後だった。正確にいうと、彼女はその大会が幕を閉じた翌日、アーカンソー州で行われる次の大会に向かう途中で立ち寄ったのだ。

わたしは彼女のバッグをカートに積み、練習グリーンのすぐ脇を通り抜けて1番ホールのティーグラウンドに向かった。彼女は当然パッティングのレッスンを受けるものと思っていたため、驚いたようだ。

ドライバーでティーショットを打つよう指示すると、2回軽く素振りをしただけで265ヤード先のフェアウェイど真ん中にボールを運ぶ。カートでフェアウェイを進み、ボールを残り150ヤードの地点にドロップして、アイアンでグリーンに乗せるよう告げた。彼女は8番アイアンで残り1・5メートルに寄せた。まったく問題なし。

グリーンに上がってボールを残り4メートル弱の地点に戻し、パッティングするよう指示すると、彼女の様子は信じられないほど一変した。

ティーショットでもアイアンショットでも彼女はただ構えて打つだけだったのが、パッティングではルーティンがひどくぎこちない。もたもたして確信を持てずにいたため、あっさり外れたのも不思議ではなかった。

彼女はかつてのアニカ・ソレンスタムと同じように、「努力」しようとしていたのだ。メカニズムについて考えながらうまくなることに必死なあまり、自分自身を認めようとしていなかった。フルスイングの2倍もパッティングの練習をして、逆にどんどんパッティングが苦手になっていったのである。

わたしは、本書で述べてきたシンプルな内容を彼女に話した。

あれこれ考えすぎないようにすること。ラインを見てパッティングすること。言うのは簡単だが、試合中にこれを思い出して実践するのは難しいかもしれない。わたしが彼女に望んだのは、フルスイングするときのように自分にとって楽に感じられるルーティンを理解し、パッティングのときにそのルーティンを行うことだった。

翌シーズン、彼女は二つのメジャー大会(クラフト・ナビスコ選手権と全英女子オープン)に優勝し、その他に世界の三つの大会で優勝を飾った。LPGA史上最年少でメジャー3勝をあげ、史上最速で生涯獲得賞金が200万ドルを突破した。わずか22歳でこれだけのことを成し遂げた彼女は、今後も記録を次々と塗り替えていくはずだ。

時間をかけるほどパットは入らない

楽に感じられるように構え、あれこれ考えずにストロークするのは、経験豊富な選手にしかできない極意などではない。初心者やハンデ20のアマチュアを相手に多数の講習会、ゴルフスクール、個人レッスンを行ってきたが、彼らがコツをつかむまでにかかる時間は、ツアー選手の場合とまったく同じ30分である。

では、誰でも30分でツアー選手と同じようにパッティングできるようになるかというと、そうではない。同じ速度で上達できるということだ。1ラウンドあたり40だったパット数が35になるのはそう難しくないだろう。これは、ツアー選手が100位から20位にランクアップするのと同じである。

楽に感じて自信を持つには、まずラインをしっかり見て正しく選択し、プレパット・ルーティンの最初から最後までそのイメージを保つ必要がある。視線を下に向けてボールばかりを見つめていると、ラインのイメージがぼやけてしまうことはすでに述べた。軽はずみに素振りをした場合にも、やはりイメージはぼやけてしまう。

パッティング中に浮かぶ疑念や不安の根源は、せっかくラインを読んでもボールをライン通りに転がせないことにある。そしてその原因は、ただルーティンで間違いを犯しているからなのかもしれない。

レッスンではルーティンを最初から行い、素振りをせずアドレスするよう指示することが多い。このときわたしはクラブを地面に置いて、相手がどこを狙おうとしているのかを示す。次に、ボールの脇で素振りをするいつも通りのルーティンをやってもらい、素振りをすることで狙いがどのように変わったかを示す（スタンスがスクエアになりすぎて、狙いが15～20センチ右にずれることもある)。

ショットしようとしているビリヤード選手を例に考えよう。ビリヤード選手が自分の動作を止め、手球の脇に移動してキューを突く練習をしてから再び手球に戻ってショットすることなどありえない。うまいビリヤード選手は手球の後ろでキューをゆっくり前後に動かし、ショットをイメージしながら「感触」をたしかめる。

パッティングをするときは、このビリヤード選手と同じように臨むべきだ。ラインに意識を集中させたまま、動作を止めないで感触を両手に残す。最悪なのは、素振りをしてからアドレスし、パターを地面に置いて、固まったままボールを見つめ、メカニズムについて延々と考え込むことだ。ストロークのタッチや感触がすべて消えてしまう。

重要なパットには時間をかけたり、大会初日の最初のパットのルーティンとは違うことをすべきだとティーチングプロや解説者が話しているのを聞くと耳を疑う。わたしはそのような場面を何度も見てきた。大会の初日から3日目まで、何の問題もなくいつものルーティンを行っていた選手が、どうしても外せないパットを迎えると、いつもより時間がかかるようになる。ボールの脇で構えながら落ち着きをなくし、楽になろうとしている。ボールをじっと見つめることで、ラインへの集中が途切れてしまうのだ。

同じことは、1989年のマスターズのプレーオフで、スコット・ホークの身に起こった。プレーオフ最初のホール、ホークは距離のないパーパットに臨み、落ち着かない様子でいつも以上に時間をかけてラインを読み、そして外した。わたしは彼の様子を見ていて外すだろうと直感し、テレビに向かって叫んでいた。

同じことは1979年のエド・スニードにも起こっていた。残り3ホールで3打のリードがあったにもかかわらず、彼のルーティンはまるで別物になってしまっていた。

二人は雰囲気にのまれ、その一打が普通のパットより大きな意味を持つものになり、「努力」しようとしてしまった。自然で無意識のうちにできていたはずのパッティングの動作が、意識的なものに変わっていたのだ。

パッティングが上達するには、大事なパット（予選突破、ツアー優勝、メジャー優勝、友人との賭けなど）も普通のパットと同じようにできなければならない。1976年、わたしが全米プロゴルフ選手権で2度目の優勝を果たしたとき、最終ホールで残り4メートル強のパットを決めなければならなかった。

わたしはいつも通りのリズムでルーティンを行い、ボールの少し先にイメージした地点を通るようにボールを転がした。カップまでボールが半分も転がらないうちに、そのパットが決まることがわたしにはわかっていた。

◯ボールは意識から消してしまう

自信を持つためのもうひとつのポイントは、ボールをまったくといっていいほど意識しないことだ。実際にストロークする前に意識がラインからボールへと移り、ボールを「打つ」ことばかり考えてしまうゴルファーがあまりにも多い。

これはダーツを投げるとき、ダーツボードの中心にある小さな円ではなく自分の手元に意識を集中させるようなものだ。ゴルフでいえばストロークのメカニズムについて考えているか、ボールがどこに転がっていくかに意識が集中してしまっている。

わたしたちは、どのショットについてもインパクトを意識せずただクラブを振るものだと教わっている。これはパッティングについても同じなのだが、実際はインパクトの瞬間が気になって仕方がなくなり、リズムが崩れる。ストロークの動作がもたついて、そのために悪夢のような結果がもたらされるというわけだ。

アダム・スコットが2010年にアドバイスを求めてきたとき、彼にはインパクトの瞬間に両手を上に引き上げるクセがあることに気づいた。過去の例でいえば、アーノルド・パーマーはボールを打ったあとパターを後ろに引き戻していた。ゲーリー・プレーヤーはパターで突くように打ち、インパクトの直後にはほとんどヘッドを止めていた。

この二人のストロークはかなり極端だが、実際にはこうしたクセがありながらも殿堂入りを果たすほど素晴らしい成績をあげている。この事実から、ストロークの仕方で腕前が決まるわけではないことがさらに浮き彫りになる。大切なのは考え方なのだ。

同じように、インパクトに意識がいくという問題を抱えるアマチュアの多くは、メカニズムばかりを考えすぎてフィーリングなどまったく感じることがなく、インパクト時にパターを強く前に押し出している。

このようなゴルファーに対して、わたしはいつも通りのルーティンを行い、ストロークを開始する直前にはボールを見るのではなく、目標を見つめ続けるよう指示する。すると、まるで魔法にかけられたかのように、彼らのストロークは驚くほどスムーズになる。

練習グリーンでは、ボールのやや前方にティーを奥まで差し込み、打ったボールがティーの上を通過するのを見つめ続ける練習をするといい。ストロークの前に意識をティーに集中させ、ボールがティーの上を通過するのを確認するのだ。何度かストロークすると、パターをどう振るかなどということが気にならなくなる。意識がボールから別の場所へ、正しいポイントへと移った証拠である。

○プラスイメージの力

最後にもうひとつ、あれこれ考えないようにするために大切なのは心構えだ（これについては6章でもっと詳しく説明する）。パッティングの名手が構えてから迷わずストロークできるのは、どんなパッティングでも決められると信じていて、自分がスポーツ選手らしい動作をしていることをイメージできるからだ。

パッティングが苦手な人は、ボールの脇に立つときにも不安を抱え、メカニズムに関するチェック項目をいくつも思い出しながら、そのひとつでもハマってくれればと願う。そして、自分がまあまあのストロークをしていることさえはっきりとはイメージできず、自らチャンスを逃してしまっている。

では、腕前にあまり自信のないハンデ20前後のアマチュアはどうすればいいのだろう。月並みではあるが、「何かを成し遂げるには、成し遂げる振りをすること」という言葉は的を射ている。自分がパットを決めている姿をイメージしてこそ、ストロークが上手になってスコアもよくなる。つまり、実際のラウンドである程度パッティングを決められるようになるには、その前にパッティングを決めているところをイメージする必要がある。

ヤニ・ツェンを指導したとき、彼女がボールから3メートル離れていたにもかかわらず、5秒以内にパッティングを開始するよう指示した。実際にわたしが「1、2……」と数え始めると、彼女は文字通り小走りでボールの脇に立った。ボールを転がす前にチラリと見やるほどの時間しかなかったが、結果はそれまでよりずっとよかった。考えすぎて直感を無駄にせずに済んだからである。

作り話に聞こえるかもしれないが、効果があるのはたしかだ。わたしは選手として常に、プラス思考を保ってイメージを思い浮かべる方法でよい結果を残してきた。大会に臨むにあたってこの方法の効果をあらためて思い返し、それによって大会優勝を飾ったり素晴らしいラウンドができたのも1回や2回ではない。

ここでこのように述べているのは、次章でストロークの基本的なメカニズムを紹介するからだ。あらためて、ストロークより考え方を変えたほうが、劇的かつはるかに短期間で腕前を上げられることを強調しておきたい。

とはいえ特に初心者の場合は、より自信を持ってシンプルにフィーリングに集中できるよう、ストロークのメカニズムを調整することで上達する場合もある。どんなスタンス幅でも、どんなストロークの形でもパッティングは上達できる。ただし、こうした可能性にとらわれすぎて、ボールを正しく転がすという一番大事なポイントを忘れてはならない。

メカニズムやボールに意識が集中しすぎると、インパクト時にパターが暴れやすくなる。これは、打つようにパッティングしているか、ボールの行方が気になってヘッドアップが早くなりすぎているためだ

ストロークのメカニズムについて率直にいわせてもらえば、信じられないほどシンプルなものだと思っている。アドレスの位置❶から、フォワードプレスをしてパターヘッドを後ろに引き❷、左手の甲を目標に向かって動かし❸、パターヘッドを地面に対して低く保つ❹。これを、訓練も受けずにジャンボジェット機を操縦することのように考えている人も多い。わたしにとっては、むしろ自動車の運転だ。意識的に考えながら行うようなものではない

4章
ボールを思い通りに転がすための技術

Four
Roll Your Ball

○「打つ」のではなく「転がす」

息子たちと話すとき、パッティングの上達に必要な要素を10個挙げた場合、ストロークのメカニズムはせいぜい上から7番目か8番目かな、と冗談でいい合うことがある。

とはいえ、特にラウンド経験の少ないゴルファー、そしてパッティングでフィーリングが出せずに困っているゴルファーのために、ストロークの基礎について話しておきたい。

ここまでの数章で述べてきたように、最大の目的としているのはフィーリングである。どんなゴルファーを指導する場合でも、わたしの目標はフィーリングが出せて楽に感じられる無理のないストロークを身につけてもらうことだ。

たいていのゴルファーの場合、フィーリングを高めてボールをしっかり転がすのにメカニズムをいじる必要はほとんどない。ましてや、誰かが唱えている「理想的」な構え方やストロークを真似するためだけにメカニズムを変える必要などまったくない。

この章では、ラインを見たりフィーリングを出してボールを転がすのが上手くいかないゴルファーに向けて、構え方とストロークの調整法をいくつか紹介する。毎週少しずつスイングを変えてみる場合でも、大幅なスイング改造をする場合でも、これから話すグリップ、スタンス、ストロークといった各要素を調整することで、自分に合った組み合わせが見つかるはずだ。

これらの要素について説明する前に、大きな違いをもたらす「言葉の使い方」について話しておきたい。そうすれば、あなたのパッティングに対する考え方も変わるはずだ。

わたしはこの章の見出しを含めて、本書のいたるところで「転がす」という言葉を使っている。これには、もちろん明確な意図がある。

ゴルファーやテレビの解説者が、パットを「打つ」とかインパクト時にパターを「加速する」といっているのをよく耳にする。わたしにいわせると、実際のパッティングでも、考え方でも、「打つ」という要素がパッティングの一部であってはならない。

「打つ」と聞くと、ボールがパターフェースにほんの一瞬触れるだけで、勢いよく飛んでいくようなイメージが思い浮かぶ。これは、ホッケー選手のスラップショット（パックを強打するシュート）や野球選手のホームランのようなイメージである。

パッティングの苦手なゴルファーが、90センチのパットをボールが切れる前にねじ込もうと、カップの向こう側に当たるほど強くパッティングしているのが、まさにそれだ。これではフィーリングなど出せるはずがない。

ボールを打つのではなく、「転がす」ことを心掛けよう。いつでも、ボールが可能な限り長くパターフェースに触れているようにパッティングして、フィーリングが出せるようにする。パッティングは繊細な技法なので、このフィーリングを大事にしてほしい。

それには、ホームランバッターではなく、1・2塁間を抜ける打率3割5分のバッターを目指すこと。ボールを転がしてカップに沈めている自分の姿をイメージすること。そうすれば、仮に外したとしても、やさしいパットが残る。

ベン・クレンショーやボブ・チャールズは、手を実に柔らかく使ってボールを転がしていた。あれがまさに、フィーリングを出してボールを転がすということである。

それに「加速する」とは何だろうか。インパクト時に「減速」するべきでないのはたしかだが、大切なのは、スムーズでリズミカルなストロークをすることだけである。ストローク中に速いとか遅いとか考える必要はない。

車の運転にたとえると、アクセルを踏み込んだ急加速ではない。落ち着いた曲を聴きながら、時速45キロを保っているのだ。

したがって、本書でストロークのメカニズムについて述べるときは、最大の目的を見失わないようにしたい。つまり、努力や加速ではなく、フィーリングとリズムである。

◯グリップが両手のバランスを決める

誰にでも合う構え方やストロークなど存在しないとわたしは考えているが、グリップについては明確な目安がある（ただし、バランスに関する基本が守られていれば多少は工夫してもいい）。

グリップのバランスとは何だろうか。申し分なくバランスのとれたニュートラルグリップでは、パターグリップの前面に置かれた両手の親指が真下を向き、左手の甲は真っすぐ目標を向く。右手の甲は左手の甲と平行になり、目標とは正反対を向くことになる。

パターグリップ上で手がニュートラルの位置からずれると、バランスがとれなくなるおそれがある。左手をニュートラルの位置に保ったまま右手の甲を下に向けて右靴のほうを向くようにすると、右手のグリップがストロングになる。右手をニュートラルの位置に保ったまま左手の甲を少し下に向けて左足のほうを向くようにすると、左手のグリップがウィークになる。

左手をウィークに、つまり左手の親指を目標側に動かしていいのは、右手をストロングに、つまり右手の親指を目標の反対側に動かした場合のみだ。こうすれば、まだバランスはとれている。

グリップのバランスがとれなくなると、必要以上にストロークについて考え始める。一方の手をニュートラルの位置からずらしてもう一方の手でバランスがとれない場合、右手と左手の関係、ストローク中のそれぞれの手の役割を見直すことになる。

たとえばの話だが、一方の腕だけでパッティングしなければならないとしたら、スムーズで流れるようなスイングを身につける必要がある。インパクト時に緩まないようパターを動かすには、それ以外に方法がないからだ。もう一方の腕の役割は、二つの手、二本の腕を一体化することに他ならない。

たとえばわたしがコーチをしているツアー選手のなかには、左手はきちんとニュートラルの位置に収まっているが、右手は目標の反対側にずれてややストロングになっているにもかかわらず、自分のグリップを見て「ニュートラル」だという選手もいる。

だが右手がストロングだと、ストローク中に、フルスイングのときと同じように右手が仕事をしやすくなる。「打つ」という意識があると、このように強さをコントロールしにくくなる。右手はフィーリングを出して距離感をコントロールする手であり、ストローク全体の主導権を握る手ではないのだ。

◯距離感には握りの強さが関係する

グリップのバランスがとれたら、両手を合わせてグリップを作る。その最も一般的な三つの方法として、フルショットと同じオーバーラッピンググリップ（またはインターロッキンググリップ）、逆オーバーラッピンググリップ、テンフィンガーグリップがある（クロスハンドグリップやクロウグリップなどの変則的なものは含まない）。

わたし自身は逆オーバーラッピンググリップを使っていて、これが一番いいと考えている。このグリップでは、左手の人差し指が右手の薬指と小指の指関節のあいだに重なる。このグリップなら左手と右手でバランスを保つことができ、主導権を握る左手の甲を目標に対して真っすぐ動かしやすい。

グリップを作るとき、わたしは両手の指を少し広げて、パターグリップのできるだけ広いエリアを覆えるようにしている。ただし、右手の人差し指は伸ばさない。クラブを右手のすべての指でしっかり握ることで、よりフィーリングを出して強さをコントロールでき、頼みの綱でガイドの役割を果たす左手とより一体化できる。すべての指がパターグリップに触れることになるが、一番しっかりした「接点」は右手の人差し指と親指で挟んでいる部分、そして左手の中指と薬指と小指の部分である。

わたしが「接点」という言葉を使っているのは、パターが手からすり抜けない程度の強さでパターグリップを握れば十分だからだ。どれくらいの強さなのか数字などで具体的に示すことはできないが、サム・スニードがフルスイングのグリップについて語った「小鳥が手のなかから逃げ出さないように、とはいえ小鳥を押し潰さない強さで」という言葉は、パッティングにもそのまま当てはまる。

ほとんどのゴルファーは、間違いなく小鳥を押し潰してしまう。緊張して力んでいるため、パターグリップの広いエリアを覆えていないため、あるいは両手をがっちり固定して両肩を揺らすことでボールを打つように教わっているためだ。

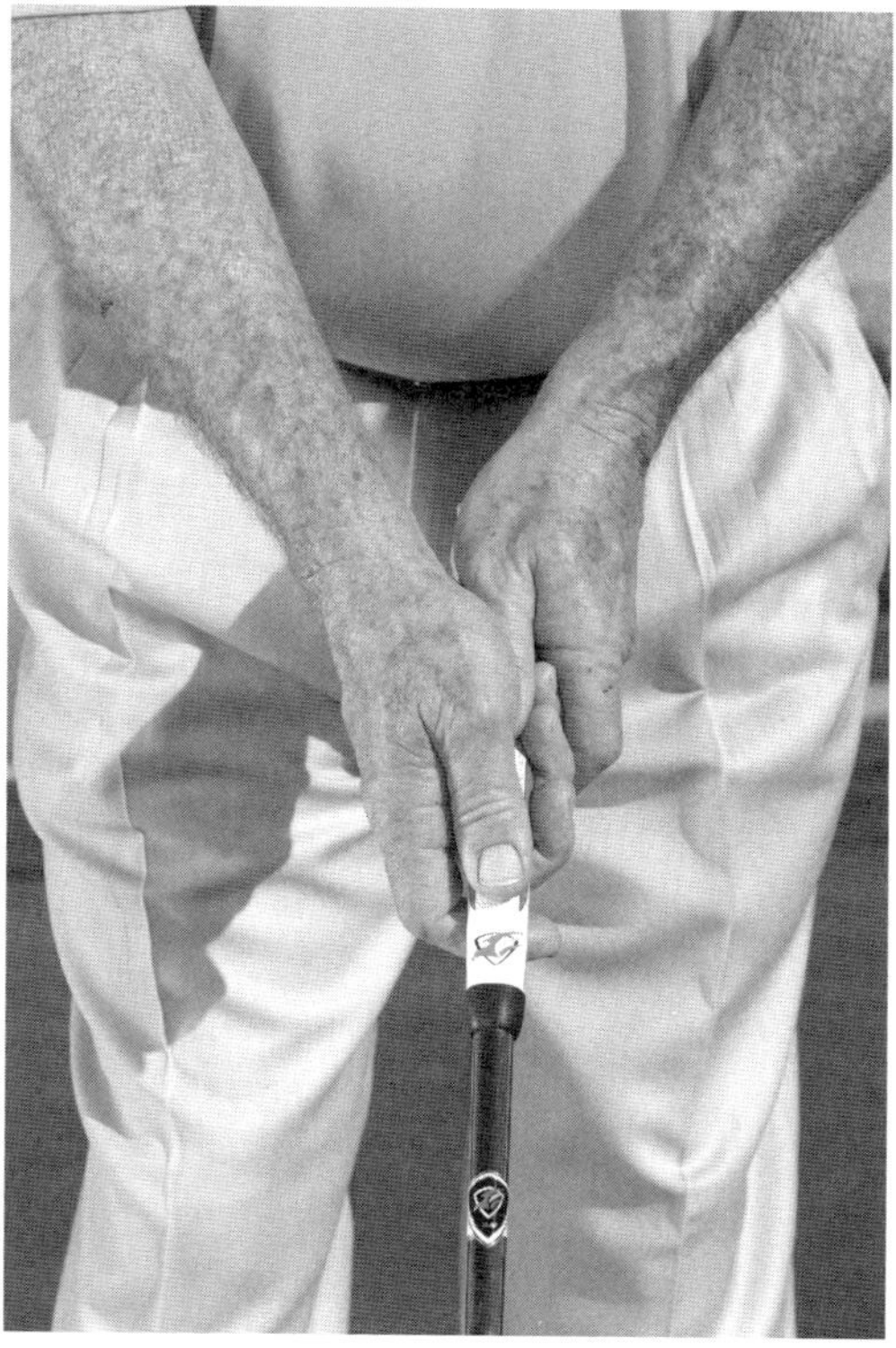

わたしの手は柔らかく、力みがなく、パターグリップのほとんどのエリアを覆っている。グリップは逆オーバーラッピンググリップで、左手の人差し指が右手の薬指と小指のあいだに重なり、シャフトはズボンのファスナーと平行になっている

パターを強く握りすぎると、フィーリングが出せず距離感もつかめない。構えたときにわたしの手に触ってみれば、緩くて柔らかいことにすぐ気づくだろう。パターを簡単に引き抜けると思えるかもしれない。わたしは手を柔らかくして、クラブをとても軽く感じたいと思っている（7章で詳しく述べるが、わたしのパターは実際に軽い）。

正しいグリップがより感覚的に理解できるよう、パッティングするときと同じようにスタンスをとって、右手の親指と人差し指でボールを挟んでみよう。その状態から、腕と手首だけを使って4・5メートル先まで下手投げでボールをトスする。指が柔らかさを保ち、力むこともぎこちない動きになることもないと気づくだろう。無意識のうちにボールを指先でつまみ、手首を少しだけ動かしてボールを送り出そうとしているからだ。

ダーツと同じように考えることもできる。投げるときには、やはり人指し指と親指でダーツを軽くつまみ、フィーリングを出しながらボードを狙うだろう。自分の直感を信じて、杓子定規で機械的な動作をしなければ、パッティングもまったく同じである。

ニュートラルで緩く力みのないグリップが作れれば、バックスイングをして、あれこれ考えずにパッティングできる。手でパターを引こうとしたり、パターヘッドをボールにぶつけにいったりする必要はない。小細工などせず、ただ重力に任せるだけだ。

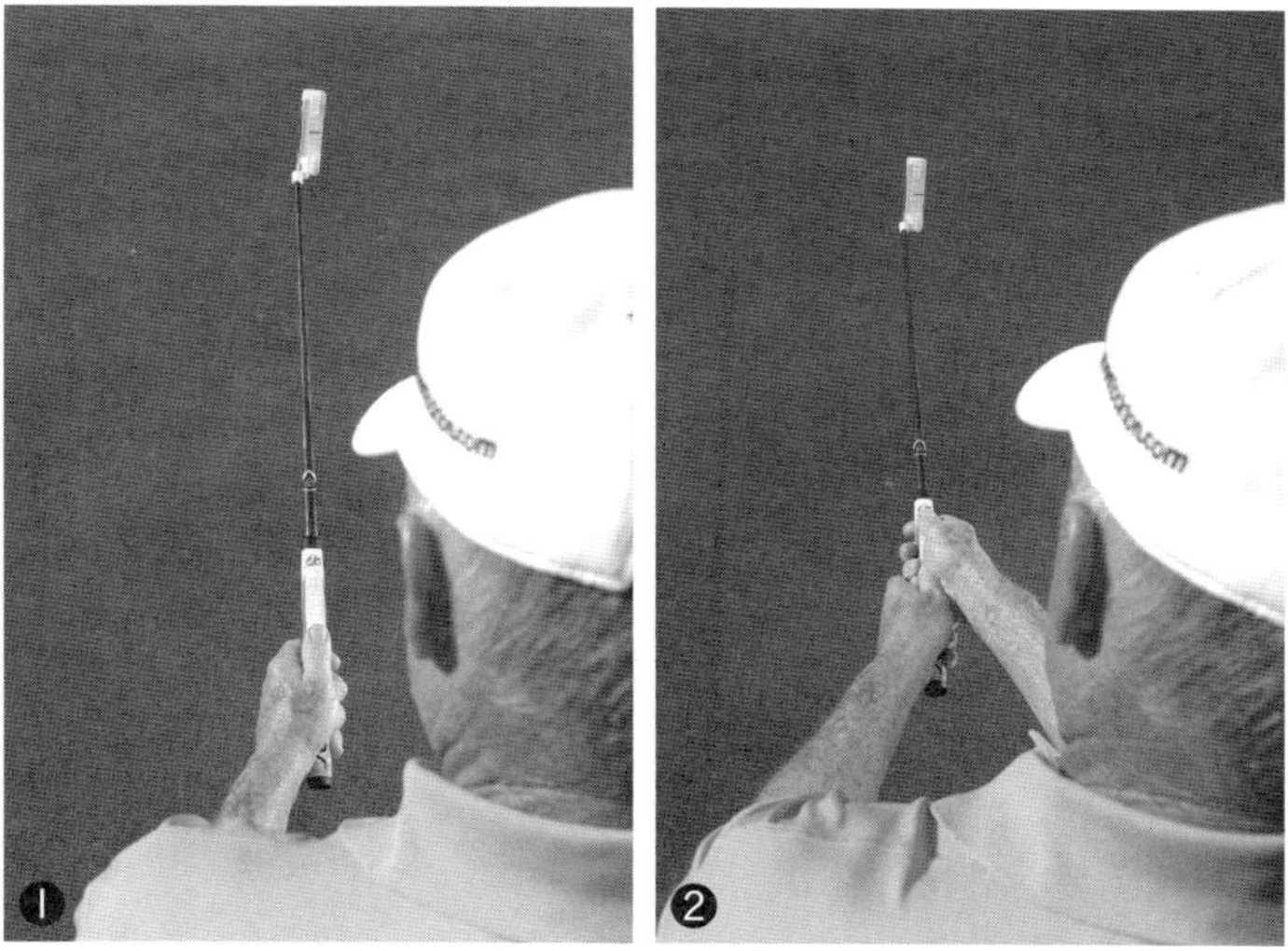

グリップを作るときはバランスをとる必要がある。❶パターグリップの前面に置かれた左手の親指は真下を向き、❷右手の親指はそれと平行に、やはりパターグリップの前面で真下を向くようにする

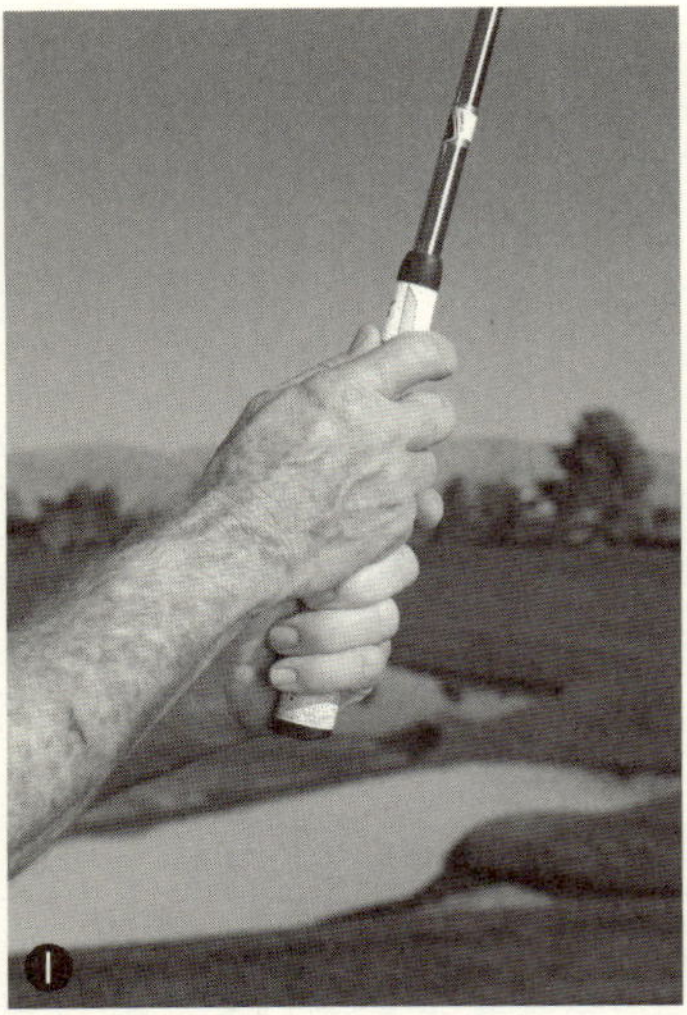

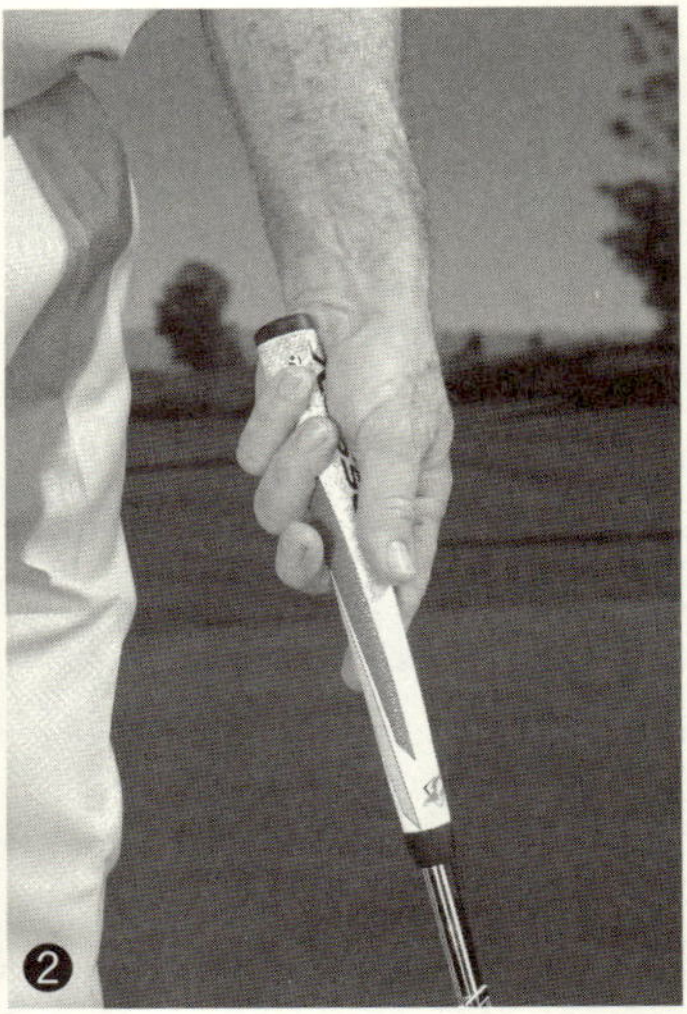

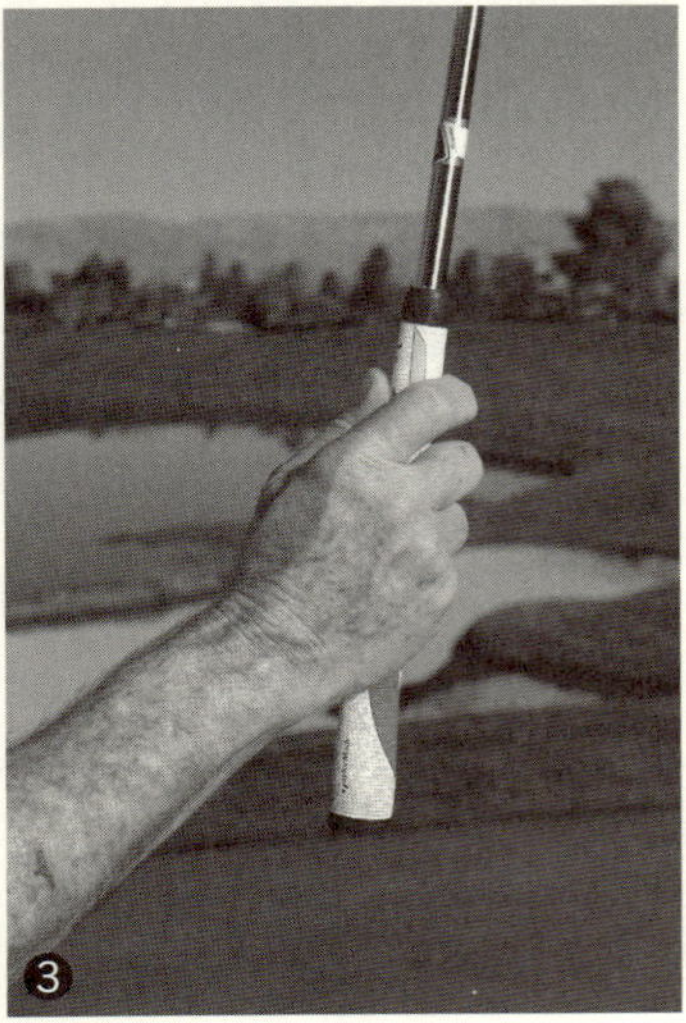

これらの写真は、わたしのグリップの緩さを示している。❶左手には力みがまったくなく、指と指のあいだに少し隙間がある。❷指先がパターグリップに触れている点に注目してもらいたい。この指先でフィーリングを出すのだ。❸右手には、指先を除いてあまり仕事をさせないようにする

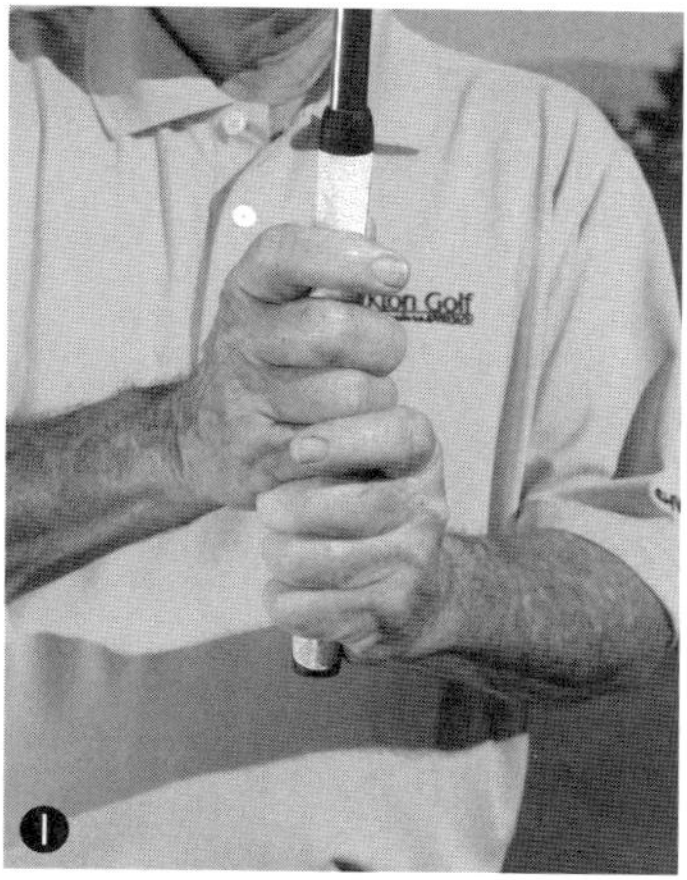

標準的なフルスイングのグリップのように、左手の2本の指を右手に重ねるゴルファーもいる。❶わたしには、左手の人差し指だけを重ねるのが合っている。❷左の手のひらの側面は左手の小指に重ねることなくグリップエンド近くに置く。❸右手の指はパターグリップの残りのエリアをほとんど覆う。❹パターを下に向けると、左の手首は真っすぐ伸びている

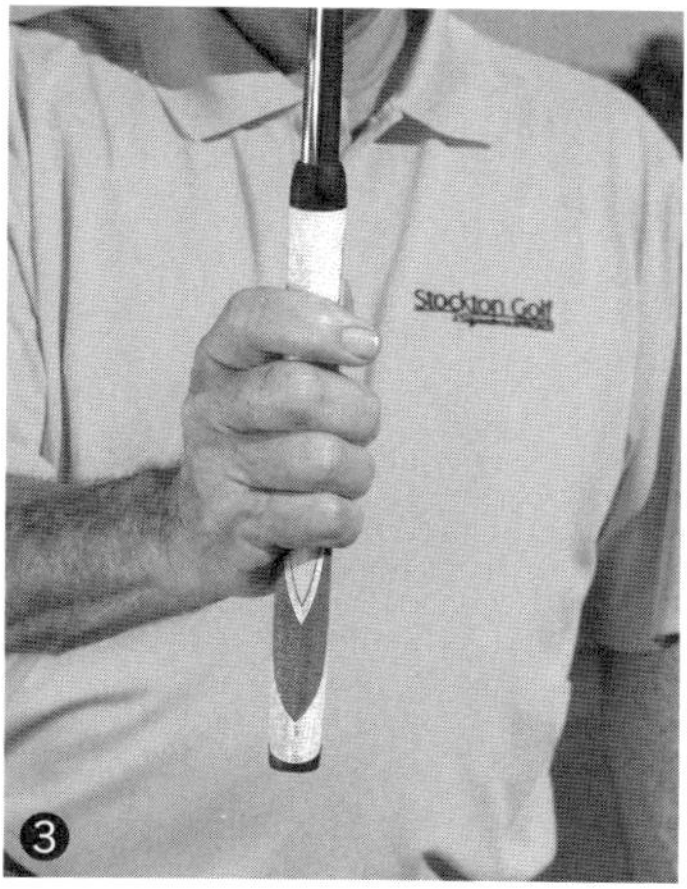

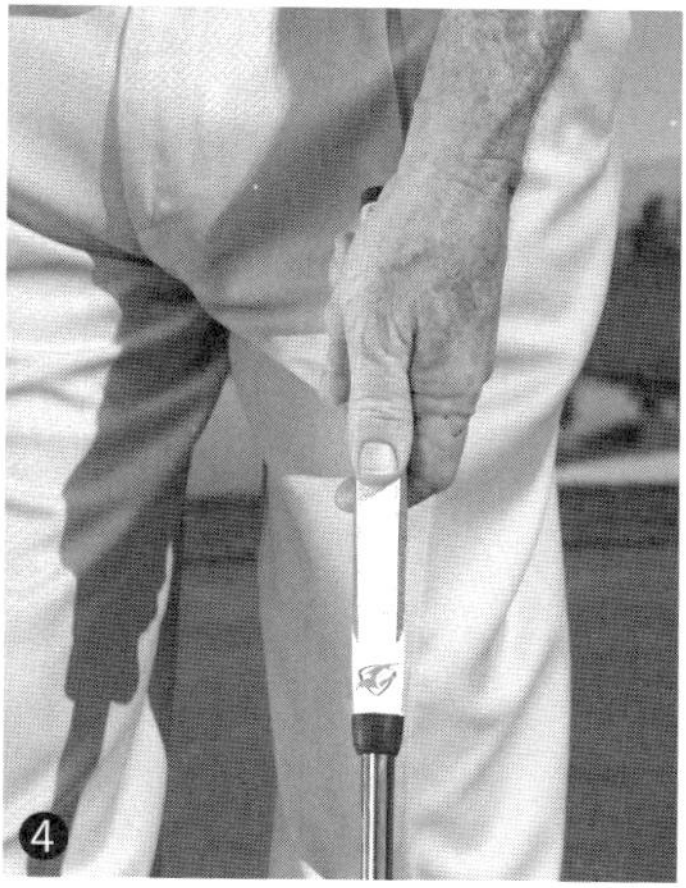

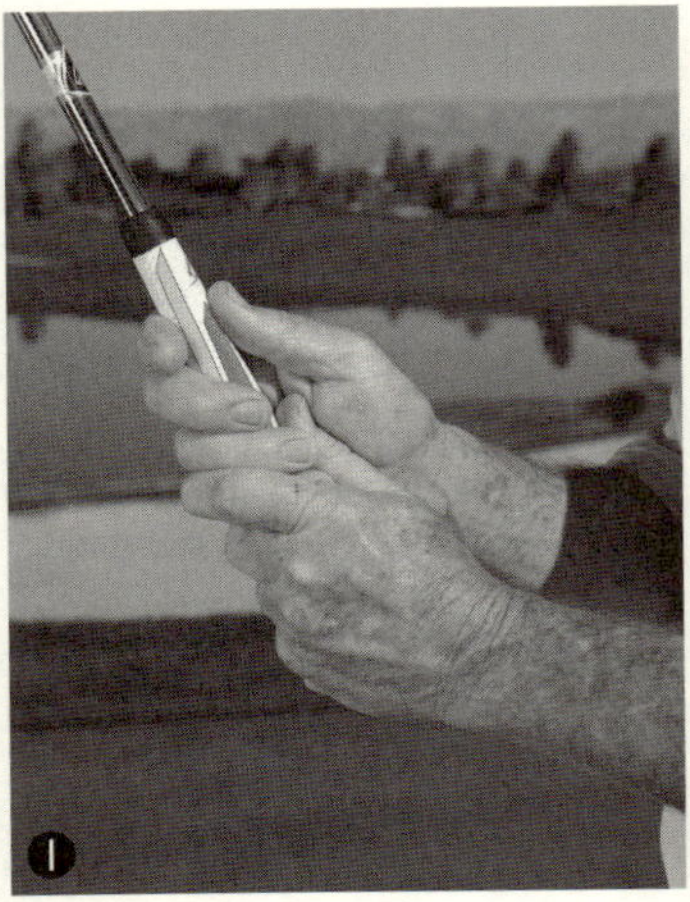

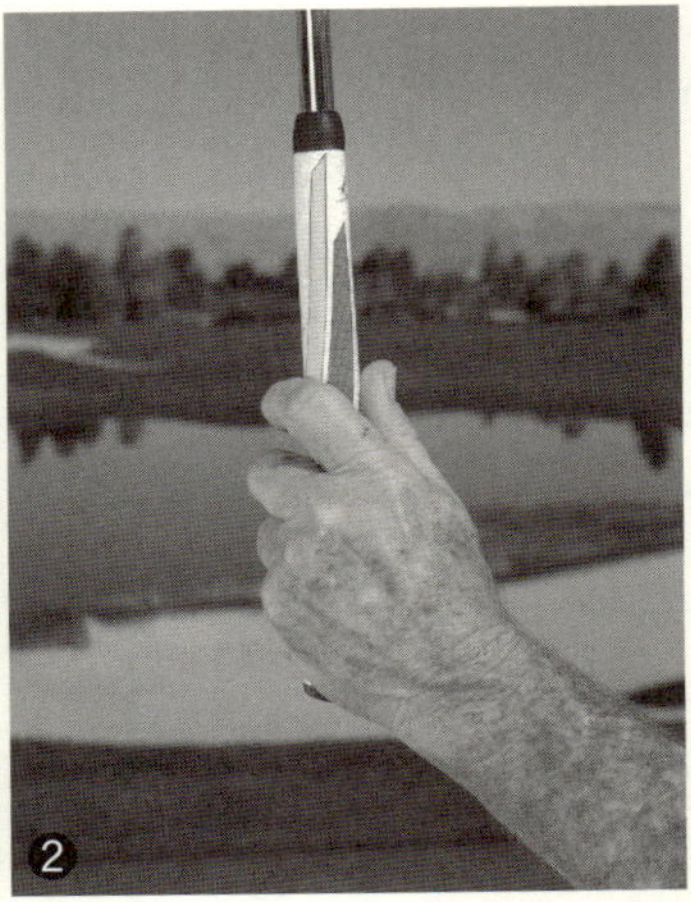

❶この写真を見れば、左手と右手の関係がよくわかるはずだ。❷パターグリップに対して力がかかっているのは左手の中指と薬指と小指の部分、❸そして右手の親指と人差し指で挟んでいる部分である。❹左手の中指と薬指と小指だけでパターを握っても、スムーズにストロークできるはずだ

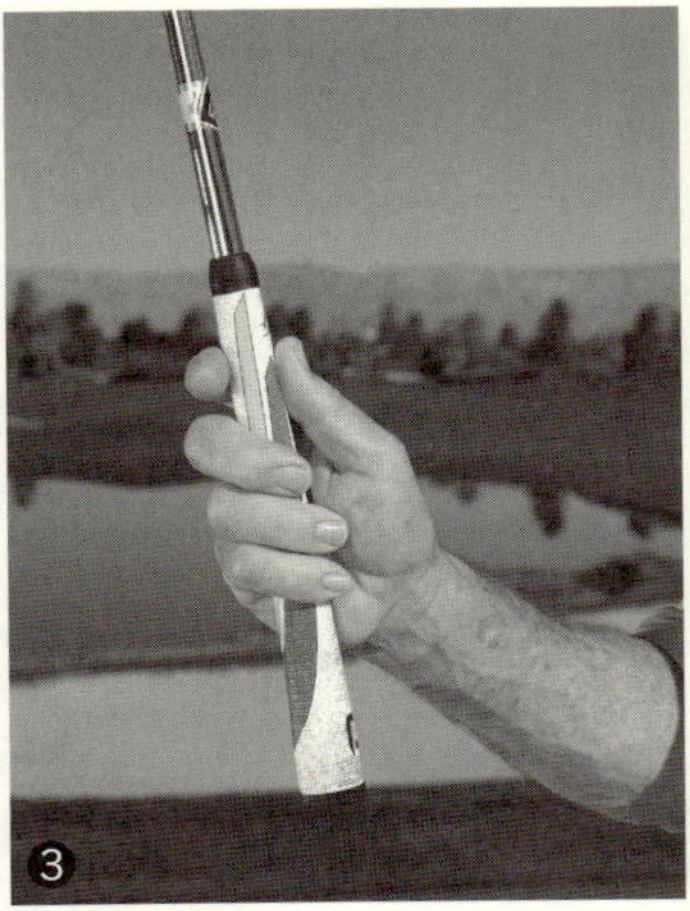

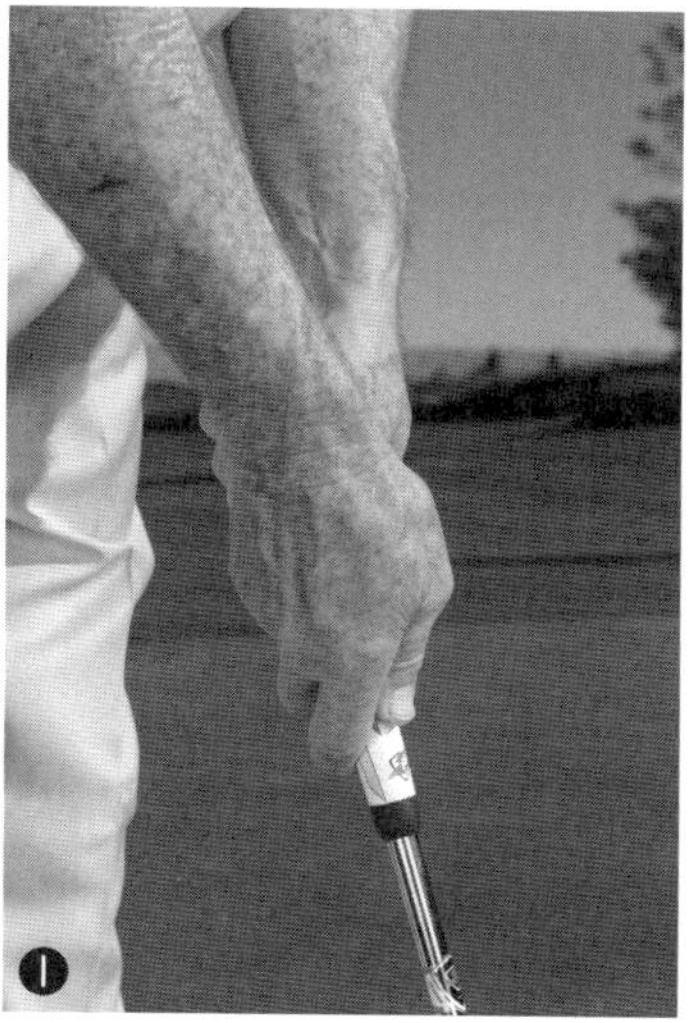

わたしには、パターグリップを指で覆って、シャフトを左腕の延長だとイメージするのが合っている

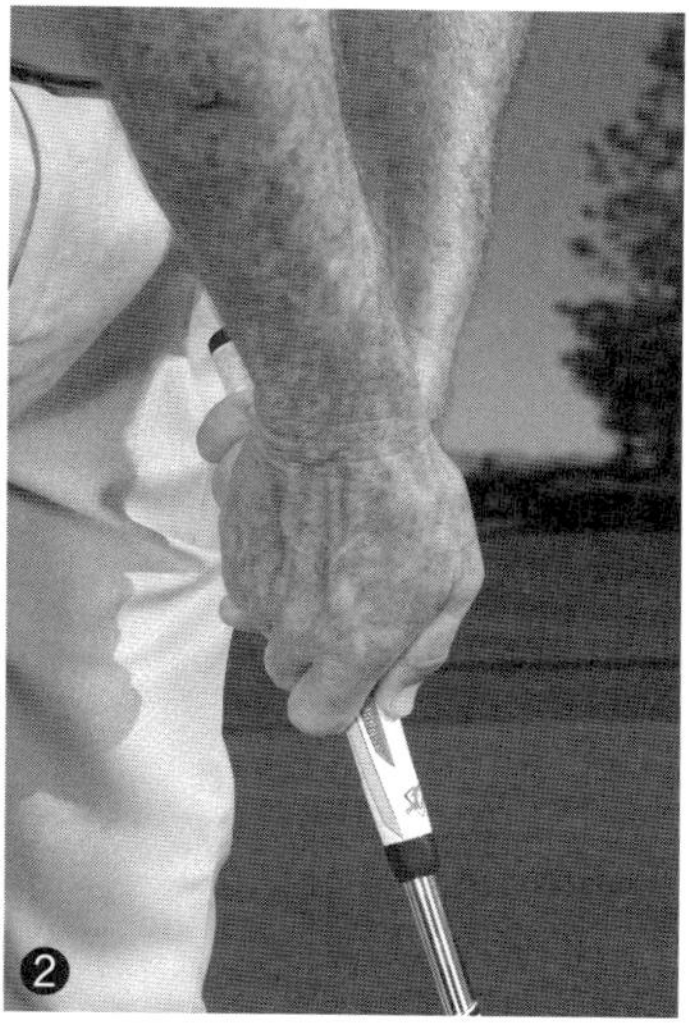

グリップしたとき強く握りすぎると、力みが生まれ、フィーリングが出せなくなる。左手のグリップが下がっているため、シャフトと腕に角度がついていることに注目

フルスイングと同じグリップ（あるいはテンフィンガーグリップ）にすると決めた人もいるだろう。そのほうがフィーリングを出しやすいのであれば、それでもかまわない。ただし、こうしたグリップに共通するいくつかの問題点については注意が必要だ。左手の人差し指を右手の小指と絡ませる、あるいは右手の小指を左手の上に重ねると、手に力が入りやすくなる。すでに述べたように、力が入るとフィーリングが出しにくい。また、どんなグリップでもパターグリップを親指の付け根のふくらみに押しつけないよう注意したい。本来のフィーリングを出しにくくなってしまうからだ。

◯ 変則グリップにも利はある

パッティングのグリップは、ストロークで問題が「明らか」になるたびに変形しやすく、問題を解決しようとすることで元の問題より深刻な問題が生まれるものだ。

指先でフィーリングを出すと理解しているゴルファーがいるとしよう。もっとフィーリングが出せるよう、右手の人差し指を伸ばしてシャフトに添わせることにしたとする。フィーリングが増すことに関してはわたしも全面的に同意するが、そのように人差し指を伸ばすと、ほぼ間違いなく右手主導のストロークになる。ストローク中に右手が暴れてしまい、距離感を一定に保つのがとても難しくなるのだ。

正反対の例として、左手主導にすれば距離感がよくなると理解しているゴルファーが、左手の人差し指と中指を右手の上に重ねるか、あるいは左手の人差し指を伸ばして右手の親指を除く4本の指すべてと交差するようにしたとする。残念ながらどちらにしても、パターグリップ上を覆うエリアが小さくなり、コントロールに使える指が少なくなる。結果として、たいてい余分な力が入り、フィーリングが出しにくくなってしまう。

父がパターの握り方を教えてくれたのは60年前のことだが、わたしは教わったグリップを変えたことがない。こういうと時代遅れ、あるいは他のゴルファーのグリップを見下していると思われるかもしれない。

実際はその正反対である。自分に合っていると感じられてフィーリングがより出せるグリップであれば、わたしはどんなグリップでもかまわないと思っている。クロスハンドグリップやクロウグリップの選手も見てきたが、いずれのグリップでも素晴らしい成績を残すことは可能だ。

ストロークが右手主導になるのを（あるいはイップスを抱えて大失敗をするのを）防ぐのに苦労しているゴルファーの多くは、クロスハンドグリップへと変える。最も一般的なクロスハンドグリップでは、単純にパターグリップ上で両手の位置を逆に（右手が左手の上にくるように）するので、左手の薬指と小指が右手の親指と人差し指のあいだのスペースに収まる。

クロウグリップも基本的な原理は同じで、ストロークで右手に仕事をさせないようにするのが目的だ。このグリップでは左手は通常と同じだが、右手は人差し指の付け根と親指の腹をパターグリップに添える。右手そのものは開いたままで、手のひらは膝のほうを向いている。このように握ると、右手は右腕の延長としてクラブを目標方向に押し出すくらいの仕事しかできない。右手の指はグリップを握っていないため、右手でパターの向きを変えてしまい、ストロークを台無しにするようなことはない。

わたしはクロウグリップよりもクロスハンドグリップのほうが好きだが、それは両手でパターグリップを握りながらもまだ指先でフィーリングを出せるからだ。だが、クロウグリップを多少工夫して楽に感じられるのであれば、文句はない。

たとえばディーン・ウィルソンはクロウグリップではないが、両手がクラブのかなり下のほうにきて、肘が突き出ているという極端なグリップにしている。彼はチップショットのアドバイスを求めてわたしのもとを訪れたのだが、彼がなぜそのようなスタイルになったのか気になって仕方がなかった。彼はそのグリップでラインがとても見やすくなったことを説明し、信じられないほど上手にボールを転がしてみせた。

わたしはそれだけで十分に納得し、その件についてはそれ以上何もいわなかった。わたしの仕事はパッティングの仕方を教えることではなく、各自が自分のやり方をもっと生かせるようにすることである。

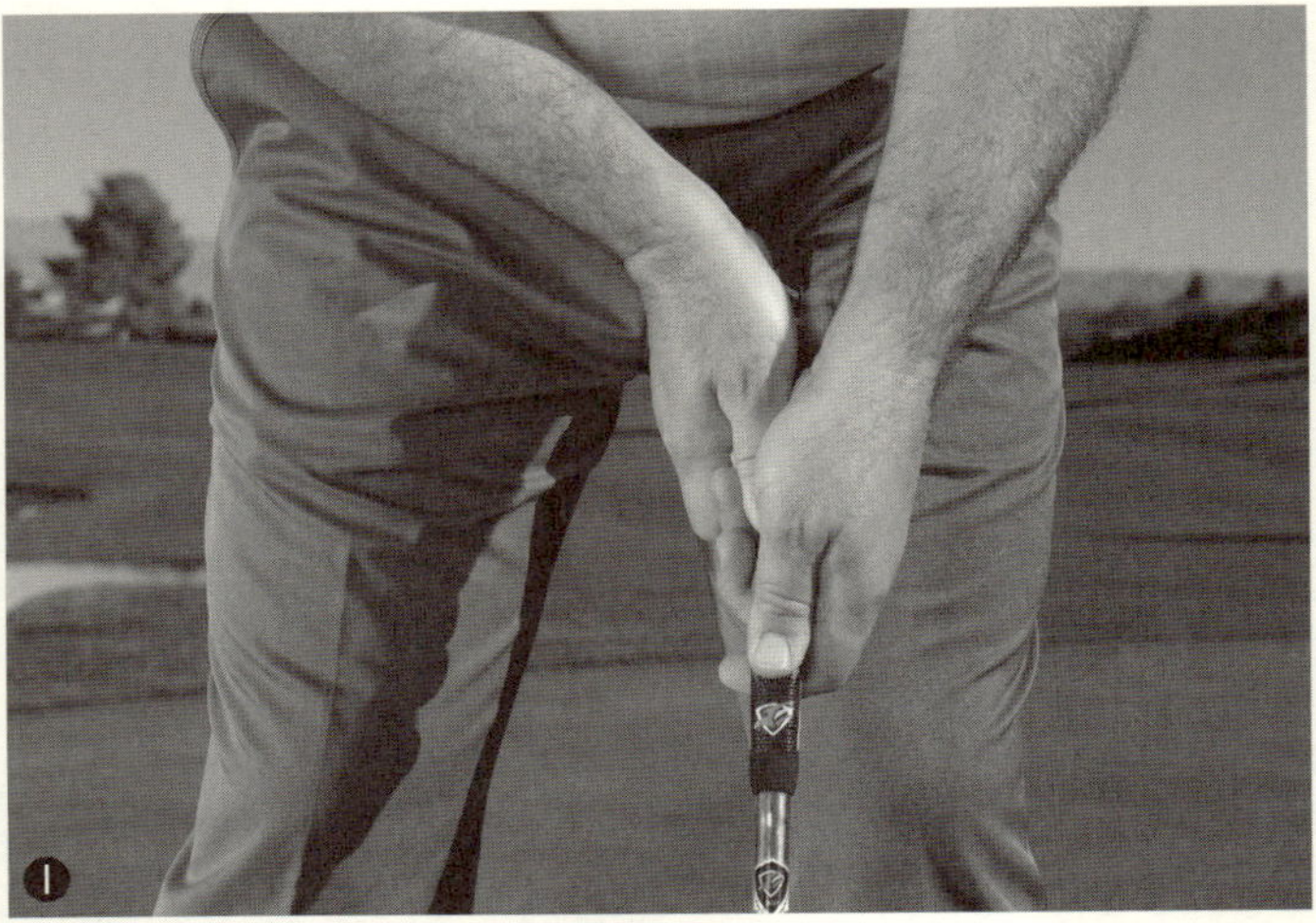

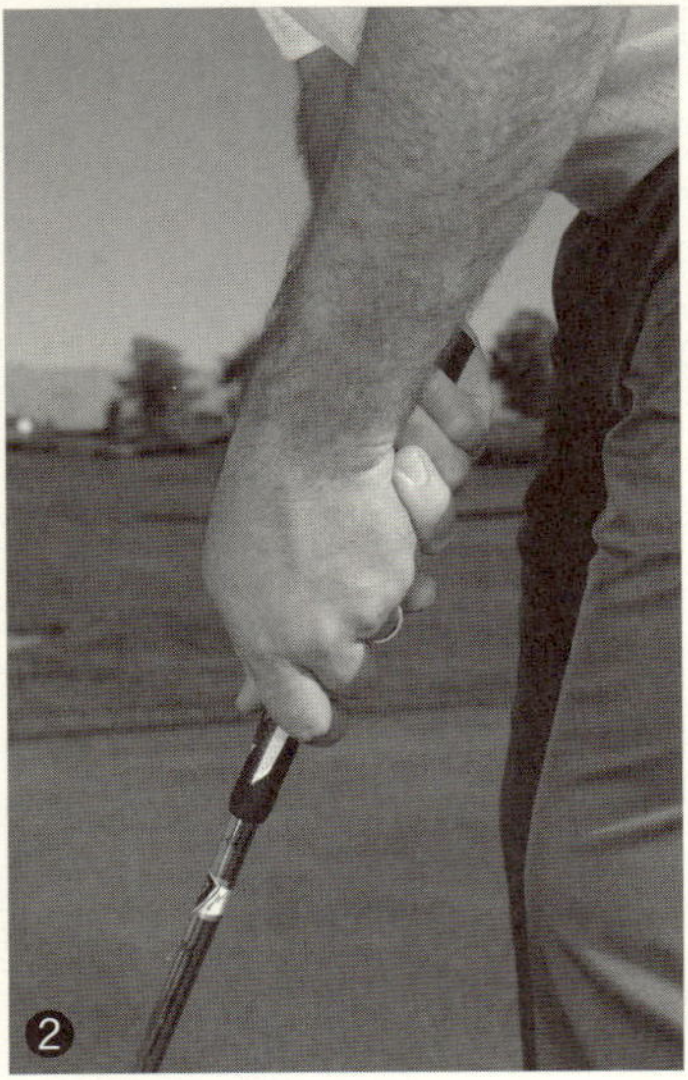

❶クロスハンドグリップでは、右手がグリップの上にきて、代わりに左手のほうが下になる
❷これで左手主導のストロークができるようになり、右の手首が折れるのを防げる。標準的なグリップと同じように、両手の親指がパターグリップの前面で真下を向いている

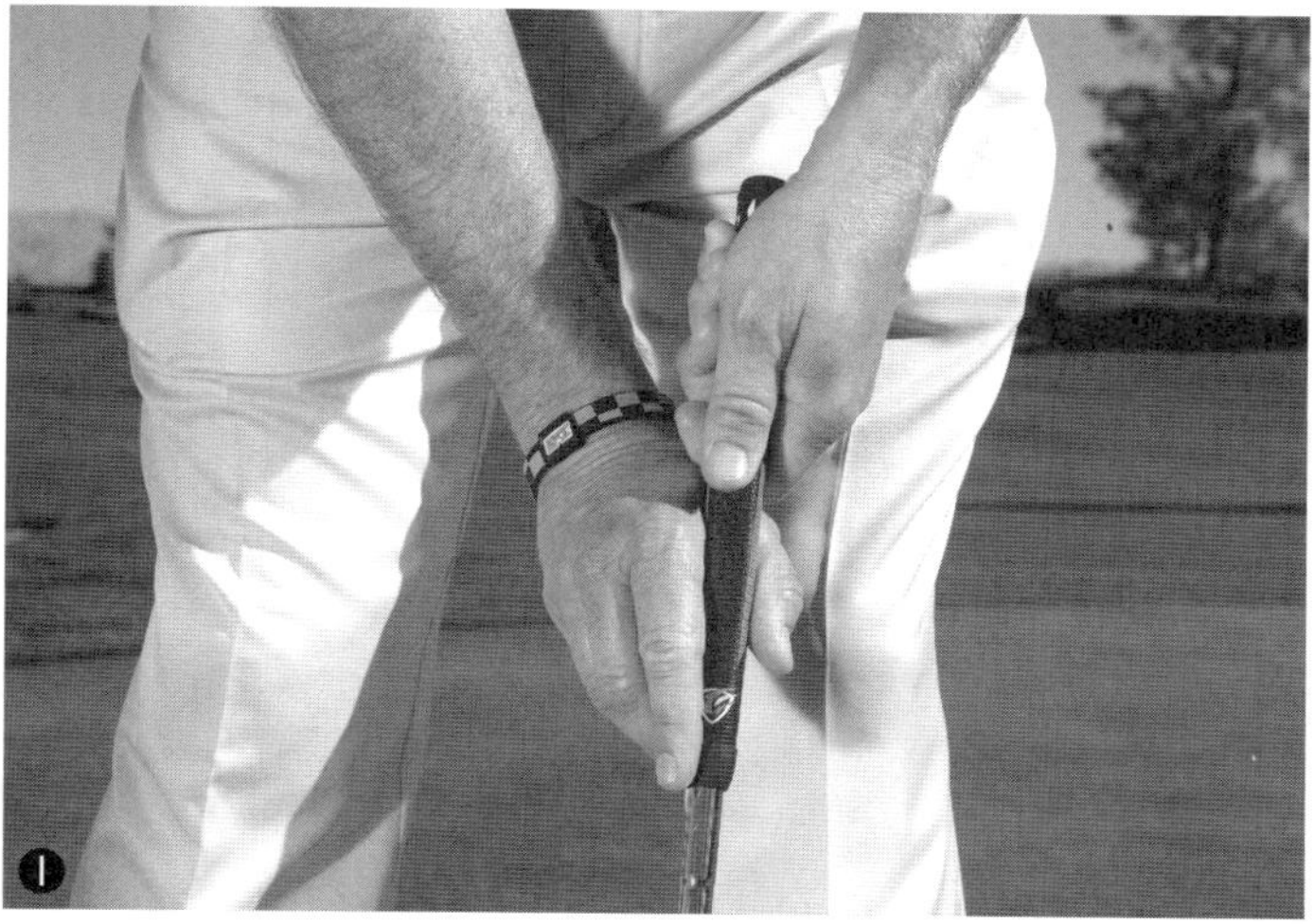

ストローク中に右手が暴れたり動きすぎたりするのを抑えるには、手首の角度を変えるという方法もある。❶クロウグリップでは、右手の手のひらが目標方向ではなく下を向き、右手の人差し指の側面と付け根がパターグリップに触れる。❷右手をこのようにすると手首が折れることはない（ただし、指でパターグリップを握るときのフィーリングも失われる）

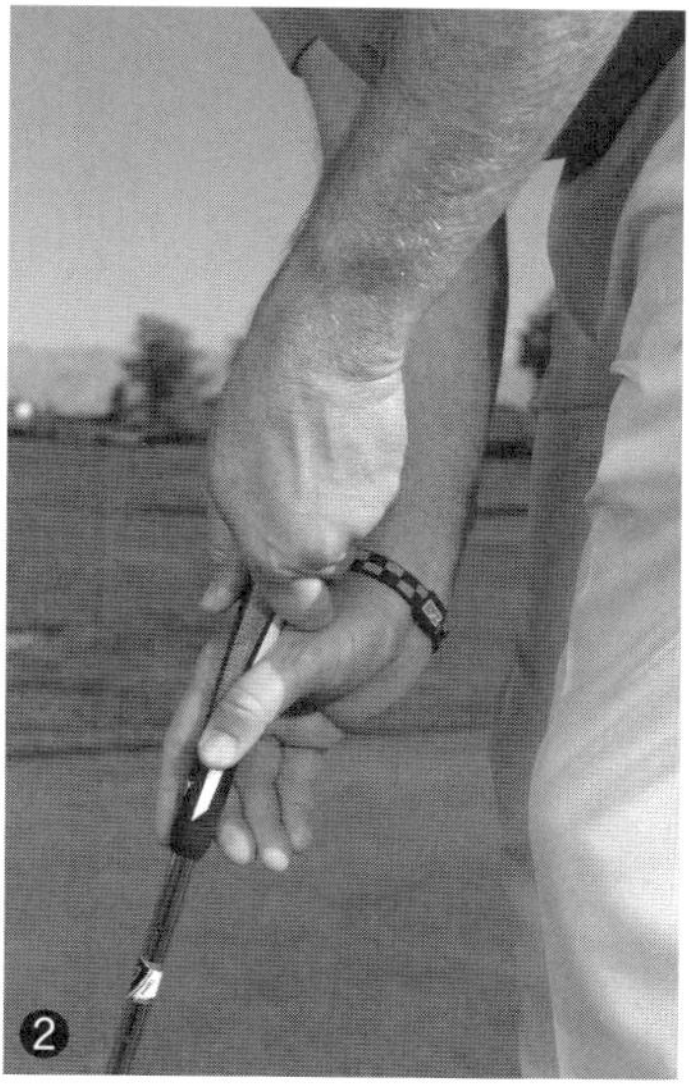

◯スタンスは〝ややオープン〟がベスト

ベルンハルト・ランガーはチャンピオンズツアーの勝利を量産しているが、以前からさまざまなグリップを試し、勝利を積み重ねてきた。なかには、腰をかがめてパターグリップを左の手首に押しつけるという変則的なグリップもあった。すべては、フィーリングと心地よさが合う手の位置を模索するための試みだった。

このフィーリングと心地よさは、スタンスや構え方を左右する最も重要なポイントである。前の章で述べたように、ややオープンスタンスにすればラインが見やすくなる。どのくらいオープンにすればいいかというと、わたしは左足が目標ラインから3～5センチ離れるように構える。ただし、ほんの少し目標のほうを向いているという感覚のほうが、「何センチ」という具体的な数字より重要だ。

とはいえ、スタンスをオープンにしすぎると両手、両腕で無意識にストロークできなくなる。ボールを目標ラインに乗せるには、両手、両腕でパターを自分の体から離れるように押し出さなければならないからだ。

すでに述べたように、完全にスクエアなスタンスではラインを正確に見るのが難しく、クローズドスタンスでは両腕を自由に動かせない。そうなると、パターヘッドをボールにぶつけにいくことになり、距離感が出せなくなってしまう。

わたしがスタンスに入るとき、足を何センチ開けばいいか、どれだけ前かがみになればいいかなどとは考えない。両腕が緩くなっているのを感じられればいいと考え、そのために腰をかがめ、膝を曲げる。

パッティングのストロークで体を大きく動かす必要はないが、同時に腕以外の体の動きを封じようと緊張したり、ぎこちなくなったりする必要もない。実際、ストロークはかなり小さな動きで、筋力はそれほど必要ない。わたしは自分の姿勢やスタンスについて、安定していてスポーツ選手らしく、楽に感じられるものだと自負している。アーノルド・パーマーほど前かがみでもないし、ローレン・ロバーツほど棒立ちでもない。

○自分の〝利き目〟を把握する

わたしの場合、ボールの位置は毎回ほぼ同じである。左右にずれる（目標に近づくか離れる）ことも、ボールと体の距離が変わることもあまりない。ボールを利き目である右目のすぐ前で持ち、そのままドロップすれば、これからパッティングをしようとしているボールの真上に落ちるだろう。

ほとんどのゴルファーの場合、同じようにしてボールをドロップすると、これからパッティングをしようとしているボールより手前に落ちるはずだ。つまり、ラインが歪んで見えていることになる。スタンスをややオープンにして体重が両足の親指の付け根にかかるようにして、もう少し腰をかがめれば、頭がボールの真上にくるようになり、目の位置がボールの真上からやや後方にくるだろう。

どちらかといえば、わたしはスタンスをとったときボールが左足寄りになるよりは右足寄りになるほうが好みだ。そのほうがボールがパターフェースに触れる時間が長くなるか

❶ボールが体に近すぎるとパターを自由に動かしにくくなるので、真っすぐ引いて真っすぐ押し出すようになりやすい。❷遠すぎると、毎回同じようにスイングすることが難しくなり、ラインも見にくくなる。わたしにはボールを利き目の真下に置くのが合っている。これなら思うままにストロークできるし、ラインが歪んで見えることもほとんどない。ボールと体の正しい距離を知るには、❸スタンスをとってから利き目のすぐ前でボールを持ち、❹そのままドロップする。こうすると、ボールは地面に置かれたボールの真上に落ちるはずだ

らだ。ボールが左足寄りになりすぎると、ボールを弾くようなパッティングになりやすくなり、場合によっては跳ね返すようなパッティングになってしまう。

ボールと体の距離については、遠すぎるよりは近すぎるほうがマシだ。ボールが体から遠くなるほど、ストロークはフルスイングのように弧を描くことになる。

もし射撃を趣味にしている人がいたら、自分の利き目を把握しておくのがどれほど大切かわかるはずだ。利き目ではない目で照準を覗いて銃を構えると、一羽の鳥を撃つのも大変だ。だが利き目で銃を構えれば、驚くほど簡単に獲物の動きを判断できる。

左右どちらの目が利き目なのかを判断するには、顔の前で両腕を伸ばし、両手の人差し指と親指で輪を作る。次に、両目で見たとき遠くにある物体が輪の中心に見えるようにする。ここで、まず右目だけを閉じてみて、次に左目だけを閉じる。利き目を閉じた場合、輪の中心に見えていた物体が移動して見える。反対の目を閉じた場合は、まだ輪の中心に見えているはずだ。

ボールの位置こそ一定だが、そのときどう感じるかによって、わたしのスタンスは1日ごと、あるいは1パットごとに広くなったり狭くなったりする。前述したが、わたしたちは機械ではない。上手にパッティングするには、情報を集め、各ホール、各ラウンドで手や体の感覚にしたがって正しい判断をする必要がある。

毎回ボールを目線の真下に置けるようになれば、パターは自然と理想的な位置に収まるはずだ。パターグリップが目標に近くなりすぎることも目標から離れすぎることもなくなり、ソールが地面と平行になる（7章で説明するが、ソールが地面と平行にならない場合、パターを調整する必要がある）。

グリップが目標から離れるようにシャフトを傾けるクセのあるゴルファーも多いが、これはパターのロフトが不足しているためだ。このようなゴルファーを見かけたとき、わたしは自分のパターを渡してみる。相手は構えたときロフトが見えるため、直感的にフォワードプレス（グリップなどを目標方向に押し込んでスイング始動のきっかけにすること）を行う。何もしなくてもボールを転がすことができると無意識に感じられるからだ。

パターグリップはズボンのファスナーのすぐ前にあり、ファスナーと平行になっていなければならない。パター自体はほとんど左腕の延長になる。ゴルファーの多くは、構えたとき両手が低すぎる。多くはボールが体から遠いことが原因だが、こうなるとクラブと両腕のあいだに角度がつき、ストローク中に右手が暴れやすくなる。結果、たいていは左に引っ掛けて外してしまう。

わたしにはニュートラルな構え方が合っている。リズミカルにフォワードプレスができるからだ。❶グリップを目標に近づけて構えると、フォワードプレスをすることでロフトがなくなるため、ボールを正しい回転で転がすのが難しくなる。❷グリップが目標から離れるように構えるゴルファーも多いが、これはロフトが少ないパターを使っているため。ロフトが4〜5度あるパターに変えれば、こうしたアドレスのクセは自然に直る

◯ボールの転がりに「質」はあるか

ストロークの前段階についての最後のアドバイスは、両肩がどうなっていればいいかということである。大切なのは、左手を目標に向かって動かしながらストロークし、パターをフィニッシュまで地面に対して低く保つことだ。

構えた時点で両肩が傾き、左肩が右肩より高くなりすぎると、インパクト時に手を返したりパターを引っ張り上げたりしやすくなる。あるいは、早めに体が起きてしまう。

わたしの場合は、構えたとき左肩が下がっている、つまり「重い」と感じられるスタイルが合っている。左肩が重いという感覚をつかんでもらうために、相手の正面に立って両肩を押さえてストロークさせることもある。父からも、まさにこの感覚を味わえる素晴らしいドリルを教わっているので、本書の巻末で紹介したいと思う。

本書で繰り返し述べてきた要点を見失ってほしくないので、ストローク自体について多くのページを割くのはとても気が引ける。ラインを見てそのライン通りにボールを転がせるのであれば、ボールの転がりの「質」はあまり重要ではない。

わたしはいつでもうまくボールを転がしてきたと自負しているが、たとえボールの転がり方が「悪い」ものだったとしても、パットの名手になれたはずだ。毎回ボールをパターの芯で捕まえているわけではないため、いつも同じようにボールを転がせるわけではないかもしれないが、それでも全体的に見るとまずまずの結果を出してきた。

息子のロンの口グセは、人々はボールの転がりの質にとらわれすぎているというもので、わたしのストロークを真似するのが上達の一番の近道だと思っている。

実際は、「見方」と「感じ方」を変えることが上達のカギを握る。一定のルーティンはわたしの秘密兵器にすぎない。

だからこそ、フィーリングを高めてリズムをよくすることに重点を置き、バックスイングの軌道や長さなどについてあまり説明したくないのだ。パッティングのストロークは真似するものではない。感じるものだ。そのことはぜひ理解してもらいたい。

○ミケルソンを変えたフォワードプレス

パッティングのメカニズムで難しいのは、じっとして情報を集めている状態から、ラインのイメージを頭に残しつつスムーズな動作に移る段階だ。静から動に切り替えるためのきっかけが必要になる。それがフォワードプレスだ。

フォワードプレスとは、ヘッドを動かさずにパターグリップだけをスムーズにほんの少し目標方向に動かす動作だ。わたしがフォワードプレスを気に入っている理由はいくつかある。まず、じっとしたままの状態からいきなりストロークを開始するより、スムーズに始動できる。また、ストローク中に左手で行う動作の「リハーサル」として、左手を目標ラインに沿って動かすこともできる。

実際に行うフォワードプレスは、ストローク前の動作というよりバックスイングの一部だ。ほんの少しパターグリップをカップのほうに動かして、その動作を開始したらすぐに左手の人差し指でパターヘッドを動かすきっかけを作り、バックスイングを開始する。

フォワードプレスの長さや速さに厳格な決まりはないが、ストローク全体にマッチしていて、ストロークまでを一連の動作にできなければならない。ストロークが短くて速い人は、ストロークが長くてゆっくりした人より、フォワードプレスが短くて速いだろう。

この動作に関してただひとつ注意したいのは、パターグリップが目標ラインから外れないようにすることだけだ。パターグリップが目標ラインから右にずれると、フェースが右を向いてしまうことになる（左にずれればフェースは左を向く）。

ストロークにおけるフォワードプレスの大切さをもっと実例で知りたいなら、フィル・ミケルソンを参考にするといい。フィルはジュニア時代から大学時代を通じてパッティングが抜群にうまかったが、それはよく目立つフォワードプレスのおかげだった。

プロとしてキャリアを積み、メカニズムに関する知識を次々とルーティンに取り入れていくうち、彼のフォワードプレスは次第に目立たないものになっていった。２００９年にわたしのもとを訪ねてきたときには、かつての自然で直感的な〝パッティングの天才〟の面影はまったくなくなっていた。

フィルがプレパット・ルーティンをシンプルにして、カップを何度も短く見やるクセをなくすことで、長時間ラインに意識を集中できるようになったことはすでに述べた。彼にとってもうひとつ欠かせなかったのは、以前のようにパッティングのストロークをスムーズに開始することだった。そこで再びフォワードプレスを取り入れ、フィーリングを取り戻した。ストロークはより柔軟でスポーツ選手らしいものに戻り、以前より無意識でパッティングできるようになったのである。

◯やるべきことを明確にする

パッティングのストロークそのものについて書かれた本や記事は数多くあり、いずれも理にかなっているとわたしは考えている。だがこうした本や記事のほとんどに共通する問題は、ストロークに対する読者自身のフィーリングを高めたり感触を良くしたりすることより、「理想的」なストロークを真似させようとしていることだ。

弧を描くようにパターを振るべきだとか、真っすぐ引いて真っすぐ押し出すべきだとかいうつもりはない。正直にいって、インパクト時にパターが目標ラインに対して真っすぐ動いていてフェースがスクエアであれば、スイングの軌道などあまり重要ではない。

こう聞くと残念に思うゴルファーがいるかもしれない。わたしが主催してきた多くの講習会では、パターを何センチ引けばいいのか、どんな軌道でパターを振ればいいのかを知りたがっているゴルファーを相手にしてきたので、その気持ちはわかる。

わたしはかつて、パターを少し外側に引いて弧を描くように振っていたが、いまはやや内側にテークバックするようになった。ベン・クレンショーは弧を描くように内側にテークバックする。ローレン・ロバーツは真っすぐ引く。

わたしたちは数十年前から数えきれないほどのパットを決めてきたが、このようにメカニズムはまるで違う。加えて、世界中で活躍してきた歴代のパットの名手に話を聞くと、どんな名手であっても、メカニズムに関するいくつものチェック項目について考え、スイング軌道をなぞり、かつボールの行方に意識を集中させたりはしていない。非常に短い時間に、それほどたくさんのことをこなすのは不可能なのだ。

もちろん、ストロークはまったく重要ではないなどと主張するつもりはない。パットを決めるのに大切な要素を10個挙げるとしたら、メカニズムはおそらく9番目か10番目だろうといっているだけだ。練習グリーンで好きなだけ時間を費やしてもかまわないが、わたし自身はこの30年間、レッスンをするときを除いて、1回の練習で20分以上練習グリーンにとどまっていたことはない。

　ラインを見て、フォワードプレスを行い、左手の甲が目標ラインに沿うようにスイングする。それだけで、パットが決まるような気がしてくるはずだ。

ストローク中は、軌道やメカニズムなどについては一切考えない。考えるのは、しっかりフェースでボールを捕えることと、左手の甲を低く保ち、目標方向に動かすことだけだ

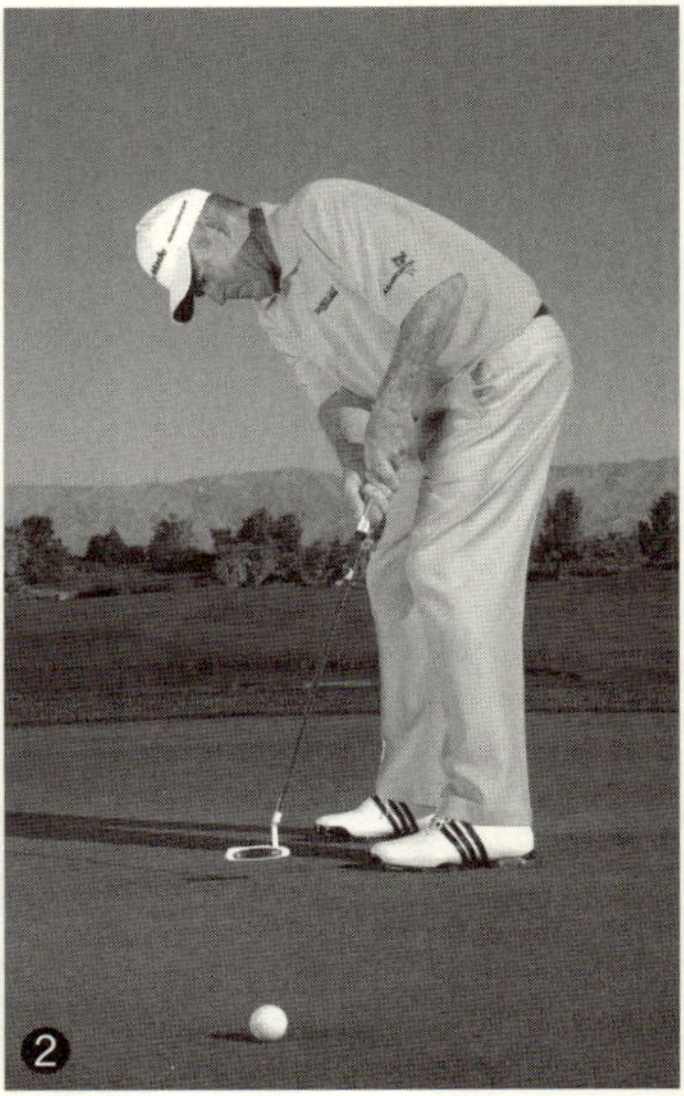

インパクト後もパターが地面に対して低く保たれている点に注目してほしい

5章
考え方ひとつで3パットはなくなる

Five
Why You Three-Putt

○パッティングにも戦略がある

ゴルフは腕前が問われるゲームであり、たしかにミスショットはつきものだ。だが3パットをしたときの苦々しさや腹立たしさは、それとはまったく別物である。カップはすぐ目の前にあるのだから、とてつもなく「もったいないことをした」と感じてしまう。

誰でも3パットをしたことはある。「サザンヒルズ・ゴルフ&カントリークラブ」で行われた1970年の全米プロゴルフ選手権で、わたしは最終ラウンドをアーノルド・パーマーと同じ組で回った。わたしが3パットして5番ホールをボギーにすると、ギャラリーの一人が「そいつはもうおしまいだぞ、アーニー!」と叫んだ。

大切なのは3パットの原因を理解し、3パットの危険をできるだけ小さくして、もし3パットしてしまったときには、すぐに忘れることである。3パットしたあと、わたしは次の4ホールで2バーディ1イーグル(と1ダブルボギー)を決め、リードを4打差から7打差に広げてその大会で優勝を飾った。

実際のパッティングについては、名前を書くようにとかルーティンを守るとか十分に説明してきたが、ここではパッティングに関してもう少し大局的に述べてみたい。ティーグラウンドからグリーンに乗せるまでのすべてのショットと同じように、作戦を練れば、思い通りの場所にボールを運びやすくなるのだ。

ひとつ例を挙げよう。520ヤードでダブルドッグレッグのパー5があるとする。フェアウェイ左サイドには池があるが、積極的にショートカットを狙って池を越えれば2オンのチャンスがある。どんなスコアで上がれるかは、どんな作戦を立てるか、特にその作戦が自分の腕前に見合っているかどうかに大きく左右される。

あまり飛距離が出ない人やティーショットが安定しない人であれば、成功する可能性が高いのはまず短めのクラブでフェアウェイに運び、2打目はレイアップして、3打目でグリーンに乗せてバーディを狙う作戦だろう。

ツアー選手はたしかにとても才能に恵まれているが、それに匹敵するほどツアー選手とアベレージゴルファーを分ける決定的な違いがある。ツアー選手は何よりトラブルを避け、トラブルに陥ったときはできるだけ早く脱出することが大切だと理解している点だ。

ツアー選手でもミスショットをしてパーやボギーしか取れないこともある。だがツアー選手がOBを出したり、奇跡的なリカバリーショットに挑んだり、ダブルボギーやトリプルボギーを叩いたりすることはめったにない。

強さとラインはどちらが重要か

トラブルを避けることを第一に考えればあらゆるプレーが上達していくが、特にグリーン上ではその効果が大きい。パッティングの上達にとてつもなく重要なのは、自分の置かれた状況を正確に把握し、カップインしても外しても楽にタップインできる場所までボールを運べるよう、正しい強さでボールを転がせるラインを自分で見つけ出すことだ。

いうのは簡単でも実際は難しいことは承知しているが、説明させてもらいたい。

まずは、ラインと強さの基本的な違いについて述べておこう。アマチュアがラインを読んでルーティンを開始する場合、ほとんどラインだけに意識を集中させている。積極的に攻めてほぼ真っすぐのラインでカップの奥にボールを当ててねじ込もうとするか、何を手掛かりにラインを読めばいいのかわからず、当てずっぽうにラインを決め、不安を抱えながらストロークするかのどちらかだ。いずれの場合でも、たいていは1・5メートル近くオーバーするかショートするのが精いっぱいだろう。

パッティングとはどういうものだったかを思い出してみよう。目の前に見えているカップにボールを沈めるか、外してもできるだけカップの近くに止めるのが目的だ。わたしは常にボールをカップに沈めようと考えていて、たとえ外したとしても45センチ以上はオーバーしないよう心掛けている。

ラインに意識を集中させているのではないかと問われれば、それはたしかにそうだが、それ以上に強さに意識を集中させている。実際、3パットを避けるには強さのほうがずっと大切だ。ラインを読み間違えて3パットすることはあまりないが、強さを間違えると3パットすることになる。

ボールをカップに沈める、あるいは少しだけオーバーする強さでボールを転がすというと、「消極的」あるいは「弱気」だと思われるかもしれない。だがわたしは自分が保守的だとはまったく思わない。ボールをどこまで運ぶかをより具体的にイメージしていて、ボールを強引にねじ込もうとしたときにどんな結末が待ち受けているかがわかっているだけだ。どんなパットでも、ボールが切れていく前に強引にねじ込もうとすれば、たいていはかなりの距離の返しのパットが残り、おそらく次も外すことになるだろう。

アメリカ中のゴルフ場でパッティングの講習会を開催するなかで、集まった人たちにまず強さとラインのどちらが重要か尋ねることがある。アマチュアでもたいていは正しい答えがわかっていて、強さのほうが重要だという答えが返ってくる。だが、同じ人にルーティンのなかで強さを決めることにどれだけ注意を払っているかと尋ねると、ほとんどの場合は何も答えが返ってこない。

強さといわれてもピンとこないかもしれないが、これこそ3パットを回避する最大のカギである。ボールの切れ方とラインを読むには、さまざまな判断が要求される。一方、目の前にカップがあるのは間違いないのだから、ボールをカップまで転がすのに必要な強さは目で確認できる。パットに関する判断のなかでも簡単な部類のはずだが、多くのゴルファーはそう考えていない。

だからといって、毎回カップまで歩いてその歩数から正確な距離を計算し、それをもとに正確にストロークすべきだといっているわけでは断じてない。必死に計算するのではなく、自分の感覚に素直になるべきだ。ルーティンのなかでもっと距離に意識を集中させれば、脳は潜在意識のなかでかなり正確に距離を判断できることに気づくだろう。

◯下りのパットが簡単なとき

ラインの読み方についてはこれまで述べてきたが、グリーンを読むときにもうひとつ重要なのは、グリーン全体を眺め、どこにボールを乗せるとパッティングが難しくなるかを判断することだ。すでに触れたように、わたしが子どものころは自分の足でコースを歩き、自分でバッグを担ぐかキャディを雇っていたため、みなパッティングが上手だった。

なぜそれが重要なのか。経験豊富なキャディがラインを読むときに手助けしてくれたのはたしかだが、答えはもっとシンプルだ。自分の足でコースを歩くと、どのグリーンにも自分の足で上がることになり、グリーン全体がどうなっているか肌で感じ取れる。芝の締まり具合、雨水の排水用施設の位置、大きな傾斜や尾根の位置――。どれもが、意識的に計算するようなものではない。無意識のうちに頭に入ってくる情報であり、それがラインを読むとき、どうパッティングするかを決めるときに役立つのだ。

ところがほとんどのゴルファーは、グリーンにボールを乗せて残り距離が12メートルだとすると、ボールに近づいて、何をどうすればいいかなどと考えることもなくただ強くボールを打つか、さんざん歩き回った挙句、膨大な量の情報に圧倒され、不安を抱えながらストロークする。

考えてもみよう。スコアカードに記入されるファーストパットは、250ヤードのティーショットやユーティリティでのナイスオンと同じ一打である。ティーグラウンドに上がってドライバーを振り回すときは、どこまでボールを飛ばしたいか、どこにどんな危険が待ち受けているかを考えるはずだ。アプローチショットに臨むときは、番手を確認してからクラブを選び、グリーン周りの状況を確認するだろう。フェアウェイ左サイドに池があったりグリーン手前にクリークがあったりすれば、絶対にこれらの危険を頭に入れてからどのようなショットを打つか決める。

グリーン面ではトラブルになりそうな場所がはっきりとはわかりにくいが、だからといって注意を払わなくていいというわけではない。

まずはシンプルな例から取り上げよう。残り12メートルの上りのパットがあるとしたら、強めに打って1・5メートルオーバーするのと、少しだけショートするのではどちらがいいだろうか。わたしは絶対にショートしないことを信条としているが、それでもこの場合は、簡単にタップインできる上りのパットが残るため、ほんの少しだけショートしたほうがはるかにいい。

1・5メートルもオーバーすると返しは厄介な下りであり、3〜5センチショートした場合より決めるのは難しい。したがってこのような12メートルのパットで目標になるのは、カップをオーバーしたとしても残りを20〜30センチ以内に抑えることだといえる。下りのパットの場合は逆だ。強さを気にしすぎてショートすると、また下りのパットが残る。ミスをしたとしても、少しオーバーしたほうが次のパットは決めやすい。

上りと下りについて少し補足すると、面白いことに人によって好みが分かれる。1・2〜1・5メートルのパットだと、ほとんどの人は上りのほうがいいという。より積極的に狙えるからだ。

だが、わたしは下りのほうがいい。カップまでは届くだろうから、ストロークに集中してボールを転がすだけでいいからだ。少し強すぎて外しても、返しは上りの短いパットだ。これに対して、上りのパットではいつも以上にストロークしてしっかりボールを転がさなければならないが、オーバーすると返しがファーストパットより厄介になるかもしれない。

それぞれのパットについてどう感じるかは、どんな作戦を立ててグリーンに臨むかによって変わるはずだ。すべてのパットを決めるつもりでイメージするとしても、ファーストパットを外したときに次を簡単に決められるようイメージする必要もある。

○パットは短いほど難しい

残り距離が短くなるほど、強さを間違えて3パットする危険は低くなり、自信と期待による3パットの危険が高くなる。自信がもたらす影響は大きく重要なものであり、ここまでの本書の内容は、すべて自信を持ってパッティングできるようになることを目的としている。自分のストロークや動作に自信を持てば落ち着くことができるので、自分の腕前をより発揮できるようになる。

期待は自信とは異なるものだが、こちらも影響が大きい。

アベレージゴルファーを100人集めて、2・5メートルのパットと4・5メートルのパットではどちらが気楽にできるかと尋ねると（ついでに本当のことしか話せなくなる機械を取りつければ）、間違いなくほとんどの人は4・5メートルのほうだと答えるだろう。

その理由が期待である。

4・5メートルのパットであれば、ボールに近づいて自分のルーティンと動作に意識を集中させ、ボールを転がすことができる。カップインさせたいとは思うが、4・5メートルのパットは「すべて決めて当たり前」とまでは思わない。決まればうれしいものの、タップインして2パットでもよし。それで「パー」である。

だが残り距離が短くなるにつれ、スタンスに入ってボールを見つめていても視界にカップが入ってくるようになり、急に汗が出てくる。「決めて当たり前」の範囲に入ったと感じ、外したときの悪い結果が頭にちらつくようになる。優勝争いでバーディを決められない、マッチプレーでパーを逃す、友人との賭けに負ける、あるいは自分の目標スコアを達成できない……。ただ自分が下手だと感じたり、失敗したような気がする。

このようにしてマイナス思考に陥っていくゴルファーはとても多く、なかにはイップスを発症する人もいる。努力しすぎたり慎重になりすぎた結果だ。

わたし自身はイップスになったことは一度もないが、マイナス思考にはよく陥る。

プロに転向した当初、1ラウンドでパーオンできるのは7、8ホールくらいだった。ショートゲームは得意なので、チップショットでピンそばに寄せることは多かった。おかげで短いパットばかりが残り、たいていのパットは決められた。2年後にはロングゲームが上達し、10、11ホールはパーオンできるようになった。だがグリーン上で長いパットが残るようになり、パット数が増えるだけでスコアは前とほとんど変わらなかった。そのことにもどかしさを感じていた。

このような「期待」についてゴルファーがどう感じているかたしかめるために、まずはグリーンの中央で特に狙いを定めずストロークするよう指示し、ボールを転がすときに何を考えているか、どれだけ落ち着いていられるか尋ねてみることがある。たいていは、何も考えていないという答えが返ってくる。つまり無心でいられるのだ。

次にカップから1・5メートルの地点にボールを置き、アプローチショットで寄せてこれからバーディパットに臨むところだとしよう、と告げる。この場合にも無心でいられるだろうか？　たいていの人は、落ち着いてパッティングできなくなると認めている。

ツアー選手の場合、腕前に長けていて才能にも恵まれているがゆえに、もっと困難な状況に置かれても、自分はたいていは落ち着いていて、しっかりルーティンを行えていると考えている。したがって、そうではないと自覚してもらう必要がある。

◯ 能動的に入れる意識を持つ

こうした期待を持たせないために、目標を気にせずシンプルに構え、ラインを見て、ボールの少し先に設定したポイントを通るように転がすよう指示している。そして、車を発進させてギアを入れる練習をするときと同じように、これを何度も繰り返す。運転そのものやハンドルさばきは気にせず、ただ発進するのである。

これを繰り返すことで、結果を気にするのではなく、設定したポイントをボールが通過することに集中すべきだと気づくようになり、カップインの確率が高まる。

つまり、パットを決めようと努力した直接の結果ではなく、この動作を行った副産物として成功を手にできるのだ。

目標が近くなればなるほど、多くのゴルファーは完璧で正確なストロークをしたいという衝動に駆られる。この世に完璧なものなどなく、ボールをカップインさせるために完璧である必要はない。完璧を目指して努力することによる不安やストレスこそが、逆に上達の妨げとなっていることに気づくべきだ。

このようなゴルファーに対しては、約2・5メートルの真っすぐなラインを用意し、カップ手前のエッジ部分の真ん中にティーを立て、まずはボールをフックさせてティーの右側からカップインさせるように、次にボールをカットしてティーの左側からカップインさせるよう指示を出す。最初、相手はわたしがどうかしてしまったのではないかというようにおかしな顔をしてこちらを見る。

しかし、上達して思い通りにパッティングできるようになってくると、両手の感覚をすっかり取り戻している。パッティングとは機械的な動作をなぞることではなく、フィーリングを出しながらボールを転がすことだと気づくのだ。誰かの名前を真似して書くのではなく、自分の名前を書くことなのである。

このドリルのもっと大きな効果は、ティーを抜いたときにカップが以前より大きく見えることだ。ボールを転がし入れる余地が大きくなったと感じられる。

○左手でボールを転がす感覚

最近LPGAの試合を観戦していずれも大活躍している二人の選手を見たとき、まさにこの章で述べた内容がぴったり当てはまることを実感した。一人はわたしがコーチをしたことのない選手、もう一人はここ数年コーチをしている選手だった。

コーチをしたことのない選手は、いくつかのボールを練習グリーンに持ち込み、木製のストロークガイド（ストロークを矯正する練習補助具）を使って練習していた。1メートル強の上りのラインで繰り返しボールを打ち、カップにねじ込む。わたしは彼女に近づいてストロークガイドを蹴っ飛ばし、落ち着いてボールをちょうどカップに届く強さで転がすように言ってやりたかった。彼女の練習には感触やフィーリングなど皆無だ。

こうした練習の結果がどうなったか、水晶球で占うまでもないだろう。コースに出て同じような1メートル強のラインを強めに打ってねじ込もうとしたところで、カップをなめて同じ距離の返しのパットが残る。そうなるとひどくガッカリして、恥ずかしいと感じ、返しのパットもやはり外す可能性が高まる。なお悪いことに、自分自身を疑い始め、自信を失う。マイナス思考に陥り、そうした心理状態が結果にも現れる。人間は、いとも簡単にこうした負のスパイラルに陥るものなのだ。

もう一人の選手は、わたしがここ数年コーチをしているジュリ・インクスターだった。彼女は、その前の週の最終ホールでは形容しがたいほどひどいストロークをしていた。1・5メートルのパットを決めようとして、フィニッシュでたしかパターヘッドが地面から20センチも離れ、外したのだ。

その翌週にわたしは彼女と会い、目が合ったときに冗談めかして「わたしの電話番号を忘れたのかい」と尋ねてみた。わたしたちは彼女がどれだけ大変な状況にあったか、どれだけ気が動転していたか話し合った。同じ週、次にわたしが彼女の姿を見たのは、優勝争いのなかで3メートルのバーディパットに臨んでいるときだった。

ストローク中、パターヘッドは地面に対して低く保たれ、目標ラインに真っすぐ沿っていた。それどころか、ボールがカップに沈んだときも、パターヘッドは目標ライン上で地面に置かれていた。

気が動転してメカニズムにこだわりすぎたせいでルーティンとストロークがおかしくな

ったものの、そうした状態から抜け出すために、彼女はただひとつのことに集中すればよかった。わたしたちが話し合ったのは、構え方についてでも、インパクト時のパターの開き具合についてでも、ストロークの形についてでもなかった。

彼女はただ自分のルーティンに立ち返り、目標ラインに向かって左手でボールを転がす感覚を取り戻すだけでよかったのだ。

6章

入るも入らないもメンタル次第

Six

The Mental Game

◯自分で自分の邪魔をしない

これまでの章で述べてきたことのほとんどに共通しているのが、メンタルの大切さだ。子どものころ父に教わったパッティングに関する「レッスン」の90パーセントは、メンタルに関するものだった。自分のルーティンを守ってプラス思考を保ち、どのパットも決まると信じて、ボールがカップを外れたとしても決して自分を責めない。

すでにパッティングを得意としているのであれば、どれも簡単なことだと思うだろう。たしかにそうかもしれない。だがわたしがいいたいのは、パッティングの練習時間の90パーセントをメンタルに関する練習に割いたほうが（残りの時間は実際にボールを転がす）、ストロークのことばかり考えるよりずっと効果が高いということだ。

それは簡単ではないかもしれないが、メカニズムについてあれこれ考えるよりは上達への近道になる。

ここで、自分がとても得意にしていることについて少し思い浮かべてみてほしい。仕事でも家事でもいいが、たとえば日曜大工だとしよう。日曜大工が得意な人であれば、作業場やどんな木工品でも作れる大工道具を持っているかもしれない。そして、自慢の腕前を披露できる機会を楽しみにしているはずだ。作業そのものが自然なことになっていて、あれこれ考えなくても作業をこなすことができる。

得意なことであれば、このように当然どうすればいいかがわかっている。ある時点で、「どうすればいいかわかっているから、あれこれ考えずにできる」と、自分を信頼できるレベルに達したのだ。つまりわたしがいいたいのは、ボールをどう転がせばいいか、すでにあなたはわかっているということだ。必要なのは、自分で自分の邪魔をしないように、メンタルを鍛えることである。

わたしの場合、メンタルを鍛える基礎は父から教わった。ラインを見てルーティンを守ることを徹底させたのだ。わたしが1966年にツアーに出場するようになると、他にも役に立ちそうなメンタルに関する手法はないか、いつも目を光らせていた。そのひとつに、マクスウェル・マルツの『Psycho-Cybernetics』(邦訳『自分を動かす　あなたを成功型人間に変える』〔知道出版／小圷弘訳〕)という本があった。

マルツは形成外科医で、手術は間違いなく「成功」といえるにもかかわらず、一部の患者がその結果に満足しないのはなぜか突き止めようと考えた。こうした患者は、容姿がよくなったのに気分は晴れていないのだ。マルツの考えでは、こうした患者（あるいは何かを改善しようとする人）はマイナス思考によって自ら満足できないようにしている、というものだった。

この考えはわたしにとって大きな意味があるように思え、下線を引いた。その本を読み進めながら気に入った箇所すべてに下線を引き、30分もあれば自分の書き加えたメモを見直して要点をまとめられるようにした。

○結果はいつも考えた通りになる

パッティングが苦手なら、自分が一打一打にどう臨んでいるかを考えてみるといい。パットを外したとき、どんなことを思うだろうか。

ゴルフは楽しいものでなければならない。ほとんどの人は休日の趣味としてプレーしているが、わたしのレッスンを受けにくるアベレージゴルファーのなかには、パットを外したりラインの読みが間違っていたりすると、これ以上ないほどひどい言葉で自分をののしる人たちが数多くいる。彼らは、自分のことを「下手クソ」だとか「史上最悪だ」とかいって責める。そして最初の2ホールで3パットすると、その日はどうやってもパットが決まらないと思い込んでしまう。

そして実際にその通りになる。

人間の脳は影響力が強く、同時に驚くほど暗示にかかりやすい。自分で下手だと決めつけ、さんざん悪口をいって自分自身をののしれば、その言葉通りになってしまうものだ。それは避けようのないことだと思っているかもしれないが、対策は実に簡単である。

脳はマイナス思考の暗示だけでなく、プラス思考の暗示にもかかりやすい。思い浮かべたイメージの影響も受けやすいのだ。

『Psycho-Cybernetics』で下線を引いた内容のひとつに、何かを実際に行う前には何を達成したいかをイメージする、という考えがあった。じっとして成功が転がり込むのを待っていてはいけない。つまり、ある程度寄せて2パットで上がればいいと漠然と考えるのではなく、何を達成したいのかをより具体的にイメージするのだ。

1970年シーズンの開幕時点で、わたしはツアー参戦4年で通算4勝をあげてはいたが、これで一生安泰だと自己満足に浸るにはほど遠かった。決して飛ばし屋ではなく、新聞でもまだ「無名のゴルファー」「若造」といった扱いだった。わたしの武器はメンタルの強さ、得意なショートゲーム、そしてあきらめないという固い決意だけだったのだ。

ツアーに出場し始めたころ、スポンサーとわたしの賞金の配分は80対20だった。つまり賞金として400ドル獲得したとしても、実際のわたしの取り分は80ドルだけである。その少し前から、父に『Psycho-Cybernetics』を読むようすすめられていたが、シーズンの夏にわたしはようやく意を決して読み始めた。成績を上げるために、メンタルを強化するために、どんなことでも試したかったからである。

全米プロゴルフ選手権を控えた、月曜日の練習ラウンドでのこと。わたしは18番ホールのグリーン奥に見える丘に、詰めかけた大ギャラリーをイメージした。そして大会3日目に66というスコアを叩き出して2位に3打差をつけ、ご想像通り、最終日に18番ホールのグリーンに上がったとき、例の丘はギャラリーでいっぱいだったのだ。アーノルド・パーマーとボブ・マーフィーに2打差をつけ、わたしはメジャー大会で初優勝を飾った。

〇 〝あるがまま〟を受け入れる

その本から得たアイデアのひとつに、1・5メートルから15メートルまで、あらゆる距離のパッティングをしている姿をビデオで撮影しておくというものがあった。ある会社が作ってくれたビデオでは、素晴らしいBGMをバックにわたしがパットを決める姿が繰り返し再生され、ボールがカップの底を打つ音が大きく響くようになっていた。

ある年のロサンゼルスオープンに出場するために、わたしと妻のキャシーは友人のロン・ローズと一緒に過ごしていた。彼は「リビエラ・カントリークラブ」のヘッドプロだ（おまけにわたしたちの結婚式で付添人を務めてくれた）。

初日のスコアは35パットの73で、わたしは頭に血が上っていた。ロンとキャシーは例のビデオの存在を知っていて、その晩ビデオを観るようわたしにすすめてくれた。わたしは「ギャラリー」の意見を聞く気分ではなかったが、おとなしくビデオを観ていれば、少なくとも二人にあれこれいわれずに済むと考えたのだ。

翌日何が起こったのか、おそらく想像できるだろう。パットは絶好調で、ショットが最悪だったにもかかわらず24パットの67を叩き出したのだ。ビデオを観たことでリズムが戻り、うまくボールを転がしてカップインさせるのをイメージできた。

まさにマジックだった。フィーリングとリズムがよみがえり、BGMのおかげでリラックスでき、あれこれ考えて「努力」したり神経を尖らせたりせず、ボールを転がせるようになったのだ。

その本から得たもうひとつの素晴らしい教訓は、自分自身を理解し、あるがままの自分を受け入れるということだった。

わたしは決して飛ばし屋ではなく、得意のショートゲームを生かすことで成功への道を切り拓いてきた。そしてサザンヒルズでの全米プロゴルフ選手権以降、わたしはいつも果敢に攻める作戦をとった。グリーン上のどこにカップが切られていても、常にピン狙い。ミスでアプローチしにくい場所にボールが飛んでも、得意のショートゲームを頼りにピンチを脱出した。

サザンヒルズでの最終的なスコアは2アンダー。22バーディ、1イーグル、20ボギー、1ダブルボギーである。72ホールのうち44ホールで、わたしは歓喜の声をあげるか悲嘆にくれたわけだ。自分の最も得意なショートゲームに懸けるために、わたしはこうしたリスクをとることを決意したのだ。

○プレッシャーを感じない考え方

この作戦でまったく歯が立たなかった唯一の大会が全米オープンである。全米オープンのコースセッティングでは、ほんの少しでもミスをするとせいぜいダブルボギーしか取れない場所にボールが飛んでしまう。この大会に出場するたびにフラストレーションが溜まりイライラしていたわたしは、デンバー郊外の「チェリーヒルズ・カントリークラブ」で行われる1978年の全米オープンに、それまでとはまったく違う作戦で臨むことにした。これは、誰にとってもプレッシャーのかかる状況で役に立つ作戦である。

他のメジャー大会のときのように早めに会場に乗り込んで必死に準備する代わりに、この大会を、例えば「コロラドオープン」みたいなものだと考えることにしたのだ。コロラドオープンを優勝できたらそれはそれで素晴らしいが、ツアーの試合ではないし人生が変わるほどのインパクトはない。したがって、スタートの45分前になるまで絶対にコースに到着しないようにして、ウォーミングアップでもせいぜい15球しか打たないようにした。そしてラウンド後も、絶対に練習しなかった。

この大会で、ボールが変な転がり方をしたせいでわたしは優勝を逃した。最終日の18番ホール、ティーショットをフェアウェイ右サイドにうまく打ったつもりだったが、どのような転がり方をしたのか、ボールは右側に跳ねて丘を駆け上がり深いラフに入ってしまった。そのホールをボギーとして、わたしはアンディ・ノースに一打及ばず敗れたのだ。

頭を切り替えてプレッシャーを感じないようにすることが難しいのはわかっている。だが、プレッシャーとは百パーセント自分が作り出すものだ。プレッシャーへの反応は生理的なものでもある。プレッシャーがかかる状況に置かれると、アドレナリンの分泌が活発になって緊張し始める。だが、自分がプレッシャーのかかる状況に置かれていると気づかないようにすれば、このような生理的な反応は抑えられる。

1977年、メンフィスでアル・ガイバーガーがPGAツアー史上初めて59というスコアを出したとき、わたしは彼と同じ組でラウンドして彼のスコアカードをつけていた。各ホールをホールアウトするたびに、アルのキャディはボールを受け取って自分のポケットにしまい、アルはティーグラウンドに立つたびに新しいボールを要求した。
縁起を担ぐために、キャディは同じボールを取り出してアルに手渡していた。だがアルは、それが前のホールで使ったボールだとは気づきもせず、毎回プレッシャーを感じることなくショットを打っていた。彼は全18ホールをひとつのボールでラウンドし、新記録を打ち立てたのだ。

アベレージゴルファーにかかるプレッシャーはそれほど大きなものではない。バーディパットを迎えるときや、友人とちょっとした賭けをしているとき、クラブコンペの優勝がかかっているときなどは緊張するかもしれない。

だがプレッシャーを感じるのは、しっかり作戦を練っていないか、ルーティンが固まっていないからだ。大切なのは、どのパットでも結果を気にせず、毎回同じ手順でカップインするイメージを思い浮かべるのに全力を注ぐことである。それだけしていれば、自分にできることは終わりである。

◯他人のラインは見ない

息子のロンが好んで行うドリルの一つに、ボールのすぐ先にティーを埋め込み、受講生がボールを転がすというものがある。ストロークしてボールがティーの上を通過するとき、ロンは自分のパッティングが良かったか悪かったかを受講生にすぐ評価させる。

このドリルによって、パッティングが決まるかどうかに意識が向かなくなり、手順に集中できるようになる。手順はどんな状況でも毎回同じでなければならない。

このドリルをやってみると、パッティングが難しいと感じるのは、完璧にラインを読んで完璧にストロークしなければカップインしないと思い込んでいるからだとわかる。実際は完璧である必要などない。少しくらいティーからずれても、少しくらいボールをうまく捕まえられず思い通りにボールを転がせなくても、カップインの可能性はまだ残っている。

結果があまり気にならなくなるためのもう一つのドリルとして、練習グリーンにティーを立て、カップの代わりにこのティーを狙ってパッティングする方法がある。ティーに当てるためにすべきことは、ラインを見てボールを転がすことだけだ。このドリルによって、パッティングなどシンプルなものであり、外してもペナルティなどないと思えてくる。

どんなに素晴らしい選手でも、グリーンに上がればプレッシャーがかかる。ルーティンはしっかりしていても、頭に血が上れば、動きが速くなることも遅くなることもあるし、急に無口になることもある。普段と違う行動は、脳や体が緊張しているサインだ。

わたしもこういったことは何度も経験したが、ショートゲームで緊張することはなかった。逆にロングゲームは、常にわたしの弱点だった。ペブルビーチの18番ホールや「ハーバータウン・ゴルフリンクス」の4番ホールのティーショットなどは大変だった。作戦を練ってそれを守り、信頼できるクラブを手に入れることで、わたしはこうしたプレッシャーのかかる状況を克服してきた。

この章を読めば、今後はずっと感情に左右されたり緊張したりしなくなるわけではない。そんなことはあり得ない。だが、自分のルーティンを守って結果を気にしないということが「少しでも」できるようになれば、パッティングの成績は格段によくなるはずだ。

自分のルーティン、自分のラインに集中できるようになってくると、同組のゴルファーのボールがどう転がるかを観察する時間も機会もなくなる。これはマイナスに思えるかもしれないが、そのほうがいいことはわたしが保証する。

まず、他の人のパッティングを見ても、そのゴルファーがどのようにラインを読んだか、どのようにストロークしたかはわからない。わたしがボールを4・5メートル転がすのをあなたが観察したとして、ストロークを見ただけでは少し引っ掛けたのか、それとも思い通りにボールを転がせたのか判断できないはずだ。

左に外したのが引っ掛けたためだとしても、もっと右を狙うように読むべきだったとあなたが考えたとしたら、同じラインをあなたは右に外すだろう。

他のゴルファーがどう考えたかまで知ることはできないのだ。

悪い結果は忘れてしまえ

ラインを読んでラインを見つめるという、自分の行動に集中すべきである。1966年のカナディアンオープンで、初めてジャック・ニクラスと同組でラウンドしたときのことは一生忘れられない。ヤーデージブックで調べると距離は185ヤード。ピンは奥でやや打ち下ろし。そこで、わたしはだいたい4番アイアンの距離だと判断した。ところがジャックのバッグをのぞいてみて、彼が3番アイアンを手にしているとわかった。飛距離ではジャックに遠く及ばないわたしが4番アイアンというのはあり得ない。3番アイアンに持ち替えてティーショットを放ち、グリーンを15ヤードもオーバーした。

グリーンに向かう途中、ジャックは「バッグを覗いちゃダメだよ。わたしがフルスイングするかハーフスイングするか、君にはわからないのだから」といった。教訓である。

ジャックからはもうひとつ、自分を責めることに関する教訓を得た。ジャックはゴルフの歴史のなかでも重要なパットを誰より多く経験しており、40年で数百回もこうしたパットに臨んでいる。ジャックが重要なパットを誰より決めてきたのは間違いないが、外したことがないわけではない。だがジャックに話を聞くと、大会優勝のかかったパットを外したことは一度もないという。

ジャックはウソをついているのではない。ただ悪い結果を覚えていないだけだ。

パットの名手は、外したことをいつまでも悔やみミスをした自分を責めても、何も得られないことを知っている。人間は誰でもミスをするものだが、マイナス思考を信条としたところで意味はないのだ。

一方、なぜ思い通りにパッティングできなかったのかを把握することには意味がある。強さをコントロールできなかったのか、読みが間違っていたのか、それともストロークに問題があったのかもしれない。ただし、このようにその場で反省するのは、次のホールでもっとフィーリングを出せるようにするためだ。

要するに、最初の3ホールがすべて3パットでもかまわない。あとは全部1パットでいけると自分にいい聞かせるのだ。その可能性は十分にあるのだから。12番ホールまでパットが不調だったとしても、残り6ホールでうまくパッティングできる可能性をゼロにしてはならない。スタートでつまずいたゴルファーの多くは、自分を責めて思いつく限りの言葉で悪態をつき、どうせ自分は1ラウンドで40パット叩くようなゴルファーだと観念する。そして、そう思い込むからこそ実際に40パット叩くことになるのだ。

自分のルーティンにプライドを持って、自分のしていることを楽しもう。パッティングを面白いと思うようになり待ち遠しくなってきたら、パッティングはすぐに上達する。ラインを見てルーティンを守ることに意識を集中すれば、ただ運命を受け入れるのではなく、自分で成功を呼び込めるようになる。

いうまでもなく誰でもミスをするものだが、ミスしても気持ちを切り替えて次のパットに臨み、ミスなどなかったかのようにパッティングしよう。大切なのは、自分を責めないことだ。

○プラス思考の魔術

過去のパットを忘れるというのは、自分でやろうとするとたしかに難しい。プロツアーで優勝した選手のインタビューに耳を傾けてみるといい。プラス思考の選手は、決まらなかったパットでも「とても上手に転がせた」と語る。スパイクマークなど、どうすることもできないハプニングのせいで決まらなかったが、自分自身にできることはした。つまり、彼ら自身がミスをしたわけではない（と言っている）のだ。

どんなときでもこのようなプラス思考でいることは難しい。シーズン終盤に差し掛かると、わたしはテレビで狩猟の番組を観る機会が増えるし、ゴルフ場を飛び出してどこか別の場所に行きたくなる。うまくゴルフやパッティングができる精神状態ではなくなるのだ。

案の定、それは結果に如実に現れる。

ゴルフと自分との関わり方について、自分がゴルフをプレーする理由について考えてみよう。ゴルフが好きだからと答えるゴルファーはたくさんいるが、グリーン上では決まって悲惨な姿をさらしているものだ。

プレー中にいつでもプラス思考を保つのは難しいかもしれないが、まずは1ラウンドのあいだ、数ホールのあいだだけでもプラス思考を保つことから始めよう。これまでより落ち着いてシンプルに、プラス思考を保ってプレーすれば、スコアがよくなることに気づくはずだ。プレーするごとにフィーリングがよくなり、その成果がスコアに現れるのだ。

7章
道具が重要であって重要でない理由

Seven
Why Equipment Matters, and When It Doesn't

◯パターは〝見た目〟で選んでもいい

心がまえに関する章と道具に関する章が続いているのには理由がある。自分自身やパッティングに対する態度は、パターというクラブに対する態度と密接に関連しているからだ。フィーリングが出せるようになり、プラス思考で以前より自信がついてきたら、手にする道具は次第に以前より重要になり、同時に以前より重要ではなくなる。

詳しく説明しよう。

以前より重要になるのは、道具を大切に扱い、まめに手入れしない限りパターの名手にはなれないからだ。ゴルファーにとってクラブは、自分にぴったりの素晴らしいショットガン、自分の手の動きに応えてくれる30年物のフライロッド（釣り竿の一種）、あるいはお気に入りの愛車みたいなものである。

これらを所有している場合、いつでも頭から離さず、まめに手入れをしていつまでも使い続けられるようにするはずだ。自分が何かを成し遂げるのを、道具が「後押し」してくれるような気がしてくる。

その意味では、手にするパターは間違いなく自分で選ぶものであり、重要である。わたしはこれまでさまざまなパターを使ってきたが、そのすべてを壁に立て掛けて並べたところで、見た目に関してはあまり共通点が見つからないはずだ。これまでに、ウイルソン8802のブレード、レイクックのマレット、ピンのアンサー2、スポルディングHBAのブレード、オデッセイのロッシー2のマレットで大会優勝を果たした(このうち、お気に入りは全米プロゴルフ選手権を2回優勝に導いてくれたレイクックのマレットで、30年近く前からたびたび使っている2本のうちの1本である)。

チャンピオンズツアーでの勝利の多くはテーラーメイドのラインナップのいずれかであげたものだが、タイプはたいていマレットかデイトナのいずれかである。現在使っているのはゴーストTM－110というパターで、これは黒いフェースインサートに溝が切られているおかげで、ボールの転がりが実に素晴らしい。

こうして名前を挙げたパターを比較すると、形は似ていないかもしれないが、実際に大会で使うために選び出したときには、どれもまったく同じ特徴を持っている。わたしの手に馴染み、構えたときの見た目がいいという点だ。

いまやパターの選択肢はたくさんある。大型のゴルフショップでは文字通り数百本ものパターが売られているし、屋内の練習グリーンにはパターがずらりと並べられている。ヘッドの形状、フェースの素材、重量配分、デザインに関しては自分の好みで選べばよく、安価なパターでも高価なパターでもかまわない。ボビー・ニコルズが１９６４年の全米プロゴルフ選手権で優勝したパターはわずか5ドルで手に入れた代物だった。

ただし、パターの性能はある程度は価格に比例する。テーラーメイドのゴーストシリーズで採用されている溝の切られたフェースのように、最新技術を取り入れたパターのなかには本当に役立つものもある。このパターは、目標ラインに合わせやすく、溝の切られたフェースのおかげでボールがよく転がり、白い色のおかげで太陽光を反射しにくい。

○主体的にパターとの関係を築く

わたしが主催するゴルフスクールや講習会の受講生にパターをどうやって選んだか尋ねてみると、驚くような答えが返ってくることがある。コンペの賞品や贈り物として「有名な」パターをもらったという答えもあれば、ある日のラウンドで友人がパッティングを決めまくっているのを見て、同じモデルのパターを購入したという答えもある。

もっと理論的にパターを選ぼうとするゴルファーもいる。彼らは自分のストロークが弧を描くタイプなのか真っすぐ引いて真っすぐ押し出すタイプなのかを理解していて、自分のタイプに合っているはずのパターを購入している。

結果的にフィーリングの合うパターと出会えたのであれば、こうした選び方が間違っているとはいえない。だが残念ながら、このような選び方でフィーリングの合うパターと出会えたとしても、それは単に運がよかったからである。中古車販売店でキーの束から適当にひとつを選び、それが好みの車のキーであることを願うのに近い。キーのロゴという手掛かりはあったかもしれないが、本来購入を決断するのは試運転してからの話である。

握ったときどんな感じがするか、構えたときどう見えるか、自分の体型に合っているか、ボールを転がしたときどう感じるか、という基準でパターを選べば、自信を持ってパッティングできる一本が見つかるはずだ。

自分に合うかどうかは、パターのタイプよりヘッドの形状、フェースのロフト、グリップの種類によるところが大きい。その意味で、どんな種類のパターを使っているかはあまり重要ではない。フィーリングが合っていて、パッティングしやすければそれでいい。

では、アベレージゴルファーがパターの新技術を利用するメリットはあるのかと問われたら、間違いなくあると答えられる。新しいパターではフェースの芯を外したときの影響が驚くほど小さいし、素材や溝という技術のおかげで、腕前に関係なく誰でもボールをうまく転がせるからだ。

だからといって、新品の白いテーラーメイドのゴーストを購入してコースに向かえばいいという単純な話ではない。パッティングは一種の技法であり、パターとのあいだで築かれる、あるいは築くべき関係は感情的なものである。

○ロフトのないパターの弊害

どうやってパターとの関係を築くか考えてみよう。

最も大事な要素は体型に合うかどうかだ。アンディ・ノースは背が高いが、腰をかがめてパターを短く持つ。レイ・フロイドとスティーブ・ストリッカーは、共に棒立ちでボールに近づいて構える。シャフトの長さとパターのライ角（ソールとシャフトの角度）は、自分の体型や構え方に合っている必要がある。腕が短ければライ角がややフラットで長めのパターを使い、腕が長ければややアップライトで短めのパターを使うだろう。

大多数のゴルファーが使っているパターの長さは33〜35インチで、ライ角は69〜73度。さまざまな長さやロフトのパターを取り揃えたショップを訪れて、構えたとき楽に感じられるものを見つけよう。

ヘッドの形状は関係ない。気に入ったパターを数本選んでクラブ整備士に測定してもらうと、長さやライ角は似たり寄ったりのはずだ。

わたしが40年のあいだに大会優勝を果たしたパターのラインナップに話を戻すと、見た目はあまり似ていないが多くの共通点がある。ヘッドの形状に関係なく、長さはいずれも34〜35インチで、ライ角とフェースのロフト、グリップのタイプもすべて同じだ。

ベン・クレンショーとわたしは、同じゴルフプライド製の前面がフラットなグリップを使っていたが、実はグリップの背面に丸みがあるほうが好きなので、グリップダウンの両側を少し削っていた。現在わたしが使っているのは、同じタイプのテーラーメイド製グリップで、前面はフラットで背面は丸く、幅は細めである。

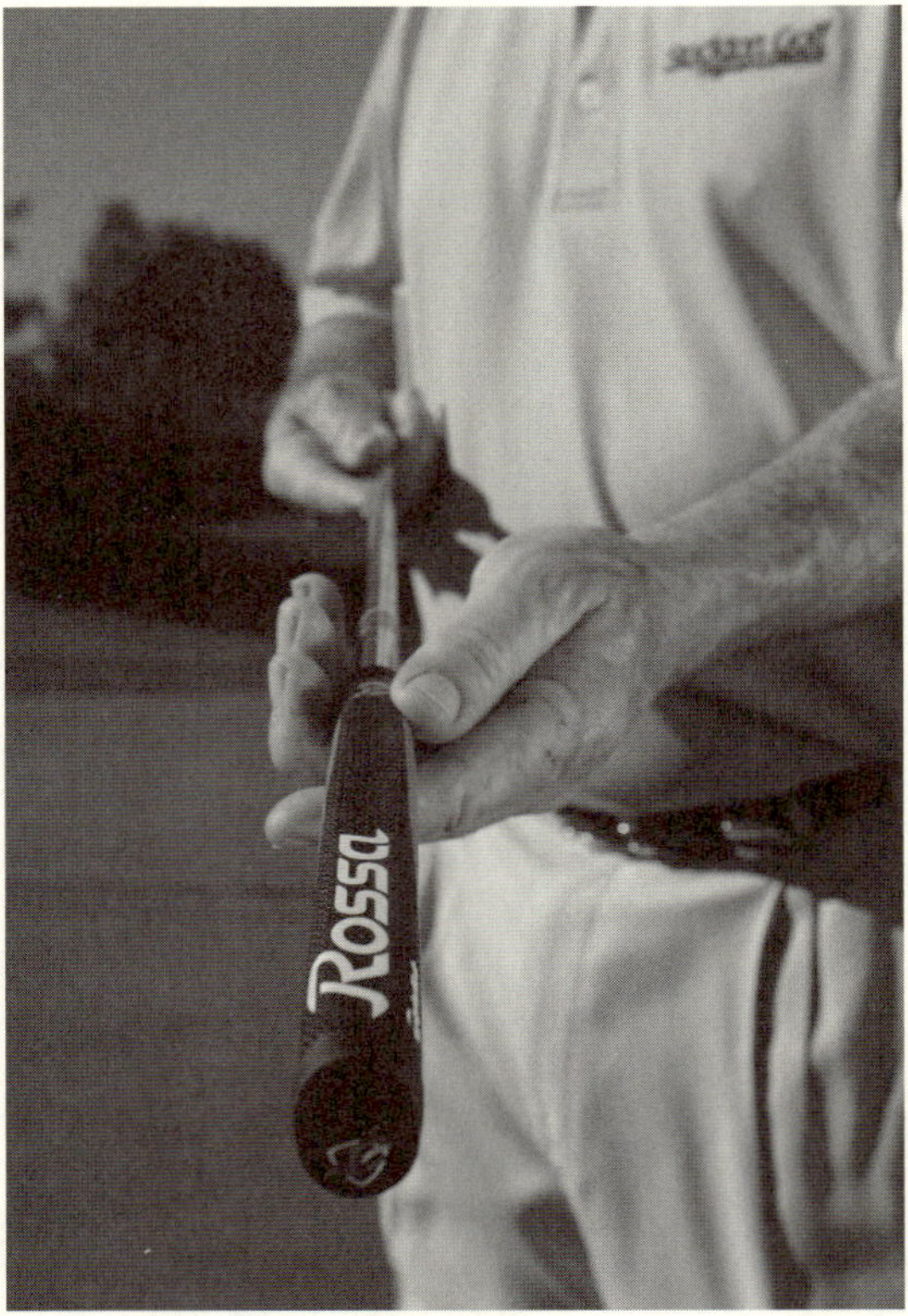

わたしは前面がフラットなグリップを気に入っている。親指をグリップのどこに置けばいいか非常にわかりやすいからだ

だがわたしのパターに共通している性質で最も重要なのは、何といってもロフトとバランスの二つだ。わたしはアドレスしたとき必ずフェースが見えているものがいい。ストロークでは、フォワードプレスがきわめて重要であることはすでに述べた。ロフトが4度のパターを使えば、フォワードプレスしてもインパクト中にロフトを保てるので、ボールを正しく転がせる。ロフトが足りない、もしくはまったくないパターだと、フェースがよく見えるようにと、無意識のうちにグリップの位置がカップから遠くなる。

この構え方では、ボールを正しく転がすのは難しい。ロフトが2度のパターを使っている選手をコーチしていると、フォワードプレスをすることでフェースの上の部分がボールに当たってしまい、ボールが右側に外れていくのがわかる。フェースのロフトが十分あるパターを使い、インパクト時にロフトがある程度保たれるようにするべきだ。

◯「この一本」に出会うには

バランスについては、手のなかでパターが「軽い」と感じられることが重要であり、持ってすぐにクラブヘッドの重みが感じられるのはよくない。安定感が増す、あるいはパターをあまり振らなくてもいいという理由で、ヘッドが重いパターを使うゴルファーもいる。だが、それでは指先の感覚がかなり鈍ってしまうだろう。

ヘッドやグリップのどちらか一方が重いものではなく、バランスのとれたパターを使うべきだ。わたしがレギュラーツアーで戦っていたときは、全英オープンのコースのように球足の遅いグリーンに合わせて重いパターに変えることもあった。ただし、クラブヘッドをいつもより重くする場合は、グリップの下側にも同じ重さの鉛のテープを貼って、実際にパターを振るときの重量配分は普段とあまり変わらないようにした。

ストロークに悩んでいるのであれば、フェースバランスパターを試してみるといい。このパターはインパクト時にスクエアを保とうとする。それによってフェースのスイートスポットが広くなるので、ボールを芯で捕まえられなかったときにもミスが減る。

フェースバランスかどうかをたしかめるには、ヘッドに近いところでシャフトを指に乗せてみるといい。フェースが地面と平行で真上を向けば、フェースバランスパターだ。

グリップのタイプや素材についてはもちろん好みでかまわないが、その選択がストロークに与える影響について、二つほど要点を述べておきたい。グリップのタイプや太さは、絶対に自分が楽に感じられるものである必要があるが、細すぎるグリップは使わないこと。指に対してグリップが細すぎると、しっかり握って安定させようとして指先に力が入りやすくなってしまう。力が入るとフィーリングは出しにくいだろう。

では太いグリップはどうかというと、やすくなるとずっと考えていたが、つい最近その考えを改めた。倉本昌弘を指導したとき、彼はグリップの太いパターを使っていた。正直なところ、わたしは従来の太さのグリップに戻させようとして、そのことでちょっと彼に嫌味をいっていた。

ところがその翌週、同じグリップを使っていたマーク・ジョンソンに会い、彼のパターを試してみるようにと手渡された。なんと、わたしは12球連続でカップインさせた。自分のグリップほどフィーリングはよくなかったが、手に余分な力が入っているとは感じなかった。扱えないほど太すぎず、パター全体のバランスが変わらなければ、太いグリップを使うという選択肢もあると考えている。

結局、自分に合ったパターを見つけ出すにはたくさんのパターを試してみるしかない。ツアー選手のバッグを覗くと、特にその選手がパターだけ他のクラブと違うブランドを使っていれば、よく使われているパターの傾向はわかる。ツアー選手がいい加減にパターを選ぶはずはなく、自分に合っていると思えばブランドに関係なくバッグに入れるものだ。

ツアーでよく使われているパターを調べるのも悪くないが、メーカーが一つのパターでさまざまなモデルを作っているのには理由がある。新しいテーラーメイドのゴーストにも、ヘッドの形状やデザインが異なるさまざまなモデルがある。わたしがゴーストTM－110を選んだのは、見た目がシンプルで白色仕上げのおかげで太陽光がほとんど反射せず、グリーンの芝に対して目立つからだ。「ピュアロール」と呼ばれる黒いインサートのおかげでフェースが見やすく、非常に素晴らしくボールを転がせる。

打ちやすさは自分の感覚を信じる

上から見たときのパターのデザインは各人の好みだが、これには重要な役割もある。ラインが入っていると、目標ラインに対してパターをスクエアに構えやすくなるのだ。ラインが何本も入っているパターを好む人もいれば（中央のラインに対してボールと同じ幅で前後に1本ずつラインが入っているのが一般的）、ヘッド上面の中央に1本だけラインが入っているパターを好む人もいる。

かつては、ヘッドを上から見たときに入っているラインはパターのスイートスポット、つまりボールを最も正しく転がせる芯の部分を示していた。しかしフェース・インサート（フェース面に埋め込まれる板）に新素材が使われ、溝や重量配分にも工夫がこらされているおかげで、少しくらい「スイートスポット」を外してもボールはよく転がる。

わたしが使っているパターのフェースに切られた溝の目的は、インパクト直後にボールがあまり滑らず、すぐに転がり始めるようにすることだ。

溝が切られていないウェッジではうまくショットできないのと同様、パターでも溝は重要である。溝のおかげで、スイートスポットで完璧にボールを捕まえられなくても、ボールの強さと転がりをコントロールできる。そして、インパクト時にフェースをスクエアに保ったままストロークし、ボールをラインに乗せることにより集中できる。

パターフェースでボールを捕まえたときの手応えを調整する方法は何通りかあるが、使うボールの種類によるところが大きい。スピン量が少なく飛距離が出るように開発された「やさしいボール」は硬く、テーラーメイドのペンタに代表されるツアー用のボールは、グリーン周りでフィーリングが出せてスピンがかかりやすいよう、柔らかくコーティングされている。フェース・インサート（またはフェース自体）にもさまざまな素材のものがあり、硬さもまちまちだ。
大切なことは、自分好みの手応えが得られるボールとフェース素材の組み合わせを選ぶことである。インパクト時の手応えが柔らかく、あまり音がしないほうが好みという人もいれば、より硬く「カチン」という音がするほうが好みだという人もいるだろう。

「お気に入りの1本」が決まったら準備はほぼ完了だが、まだ終わりではない。おすすめなのは、長さやロフト、ライ角という基本要素が同じでタイプの異なるパターを2〜3本用意すること。最初の1本でフィーリングが悪くなってきたら、予備のパターに替えて見た目を一新できるからだ。わたしはブレードパター、マレットパター、重量をクラブ周辺部分に分配したパターをそのときどきで使い分けてきた。

注意すべきなのは、パターの実測値がどうであれ自分の目を信じるということだ。たとえば、ブルズアイというパターがある。そのフェースがロフト4度だと科学的に保証されていたとしても、わたしにはフェースにロフトがあるようには見えないので、レフティとしてパッティングしたくなる。

また、どんなにうまくフェースでボールを捕えられたとしても、フェースの狙いが合わせづらい、あるいは単に格好悪いという理由でヘッドの見た目が気に入らなければ、別のパターを試したほうがいい。

○バッグのどこに入れるか

道具についてここで最後に述べるアドバイスは、ささいなことに思えるかもしれないが、本気でゴルフをしたいのであれば大切なことだ。章の冒頭でも述べたように、道具を大切にしなければパッティングは上達しない。パターはドライバーなどのウッド類と一緒にバッグの一番奥に入れ、ヘッドカバーをかぶせるように。ウェッジ類と一緒にバッグの一番手前に入れてはいけない。ここへ入れてしまうと、他の短いクラブとぶつかってフェースやリーディングエッジが傷ついてしまうのだ。こうした傷は、パッティングのときに気が散る原因にもなるし、フェースに太陽光が反射して見にくくなる場合もある。

パターを大切にすると決めたら、手入れも怠ってはならない。ほとんどのゴルファーはアイアンやウッドのグリップは交換が必要だとわかっているが、パターのグリップはいつまでも変えようとしない。フルスイングをするクラブと同じように摩耗するわけではないが、パターは他のどのクラブよりラウンド中に長い時間手で握るクラブだ。

手の汗や汚れによってパターのグリップ性能は次第に劣化し、滑りやすくなる。グリップが粘りを失うと、無意識のうちに少し強く握ってしまいがちになる。つまり、力が入ってしまうのだ。

あまり高価なものではないのだから、少なくとも半年に1回は新しいグリップに交換するのがいい。それだけの価値はある。

ヘッドカバーをかぶせて、ドライバーやウッド、ユーティリティなど、パターよりヘッドカバーが長いクラブと一緒にバッグの一番奥に入れている。こうしておけば、短めのアイアンとぶつかって傷がつくようなことはない

8章
パッティングの不調からいち早く脱出する

Eight
Troubleshooting

◯単調な練習に意味はない

ここまでの章を読んで、二つの大きな結論に達していると思う。ひとつは、パッティングではメカニズムよりメンタルのほうがずっと大切であること。もうひとつは、ルーティン、ラインの読み方、パターの握り方といった基本に関するアドバイスを吸収して効果的に生かしながらも、考えすぎて体が動かなくなるという厄介な事態を招かないようにすること。どこかの時点で、自分が十分な知識を持っていることを認め、その知識とフィーリングを生かさなければならないと感じるときがくる。

そのために必要なのは、自分の見たことや感じたことを素直に受け入れることだけだといっていい。思い出してほしいのは、大切なのはパットが決まるか外れるかではなく、自分の決めたライン通りにボールを転がすことができるかどうかだ。ボールを転がすたびに、次のホールに進むたびにボールの転がり方に関する情報を集め、必要に応じてラウンド中やラウンド後の練習で調整できるようにするのが望ましい。

その方法を説明する前に、わたし自身が練習やラウンド前、ラウンド後に行っていることを話しておきたい。そうすれば、パッティングの上達に必要なのは何百回も同じラインで繰り返しボールを転がすことや、メカニズムにこだわることではないとより実感できるはずだ。わたしが行っているのは、そしてあなたに推奨したいのは、その日のグリーンに合わせて自分の手と指の感覚を微調整することだけである。

わたしがゴルファーや受講生からよく尋ねられるのは、大会に出場していないときやシーズンオフに何時間パッティングの練習をするのかということだ。45年前もいまも、わたしの答えは「ほとんどしない」である。シーズン開幕に備える、あるいは久々に大会に出場する場合などには、テーラーメイドから送られてきた新しいパターの感触をたしかめたり、腰の調子をたしかめるために何球か試しにボールを転がしたりすることはある。だが、体の各部が正しく動くように猛練習したりはしない。

パッティングの練習をするのであれば、同じことを単調に繰り返すのではなく、練習の質、そしてラインを見つめながらボールを転がすことで得られる情報に重点を置いてほしい。そのことを意識しながら、一度に使うボールは2球までとして、2球転がしたら次は距離と切れ方の違うラインで練習する。

同じラインで何度も同じようにボールを転がしたところで、ラインを読む練習にもラインをイメージする練習にもならないからだ。右から左に少しだけ切れていく3メートルのラインで2球転がしたら、次は左から右に大きく切れていく6メートルのラインで転がす。毎回条件を変えながら練習すれば、ラインを読み、イメージして、強さをコントロールする技量が毎回磨かれることになる。

練習では、毎回ルーティンを最初から最後まで行うのを目標にすること。それによって、どのパットも同じように大事な一打であると感じられる。ラインを見つめ、ボールを転がし、40センチ以上はオーバーしない。こうして毎回条件を変えながら練習するだけで、この3つの技量が驚くほど磨かれていくはずだ。

◯コースで素早く感覚をつかむ方法

「ウォーミングアップ」や「ラウンド前練習」は、普段の練習とはもちろん違う。フルスイングの場合と同様、練習は上達のために行うものだが、ウォーミングアップは当日のラウンドに向けた心がまえをして、コース状況について情報を集めるために行うものだ。

大会のラウンド前、わたしはコース上と同じ条件のラインを探して練習グリーンを歩き回る。グリーンの起伏が激しいコースをホームコースにしているなら、練習のときから前述のように2球までしか使わず、さまざまなラインでボールを転がしておく。その際、パットが決まるかどうかではなく、グリーンの速さや硬さを頭に叩き込むことを重視する。

わたしの場合、オーガスタで大会前に練習するのはほとんど下りのパットだった。ここのグリーンは、大会が進むにつれて必ず速くなっていくからだ。

たくさんの情報を集めれば集めるほど、ラウンド中に潜在意識でその情報をうまく処理できるようになる。芝がはげてボロボロの硬い練習グリーンで何球かボールを転がしておけば、コース上で難しいパットが残っても心がまえができる。

それに加えて、自分でコントロールできるのは自分のことだけだと再認識できる。自分のルーティンを守り、ラインを見つめてボールを転がす。デコボコなところがあってボールがラインから外れたとしても、それは運が悪いのであって腕前が未熟だからではない。

プラス思考の大切さはこれまでじっくり説明しているので、練習グリーンから1番ホールのティーグラウンドに向かう際に気分をよくすることを強くすすめても驚かないだろう。

わたしはいつもスタート時間の12分前くらいに練習グリーンに向かい、最初の8分間はさまざまなラインでボールを転がして感触をたしかめる。残りのわずかな時間は、カップに近づいていろいろな角度から短い距離のパットを決める。ボールがカップに吸い込まれるのを自分の目と耳で確認し、潜在意識によい印象を与えるのだ。それに、準備段階から勝負へとスムーズに、自然に気持ちを移行できる。

◯効果絶大なラウンド後の「復習」

かつては自分のバッグを担いで18ホールを歩いてラウンドし、3時間もかかればスロープレーとされた。それがいまや、カートを使ってもパブリックコースなら4時間半、長ければ5時間もかかる。

ラウンド時間がこれだけ長くなると、ラウンド後に15〜20分練習グリーンに立ち寄れというのは酷な話かもしれない。だが練習の効率を最大限にしたければ、少なくとも2〜3

ラウンドに1回は、ラウンド後に練習する時間を捻出してもらいたい。とても有意義な練習ができるはずだからだ。

ラウンド後に何球かボールを転がすのをわたしがすすめる理由は、長い時間をコース上で、つまりいってみれば実践の場で過ごした後だからだ。ラウンド中にカップの左右どちらかに外してばかりだったとしても、ラウンド直後に悪いイメージを払拭して練習で微調整し、よい気分でその日を終えることができる。

コース上で犯したミスを生々しく覚えているのと、スコアカードに記入された単なる数字としか思わないのとでは、大きな違いがある。スコアカードの数字を確認して、パット数が35や40だったとしても、ホールアウト後にビールの栓を抜けば、それはただの数字でしかなくなってしまう。パッティングの調子が悪いラウンドだったかもしれないが、漠然と「悪い」というレッテルを貼ったところで、問題を解決するのには役立たない。

ミスの具体的な内容を把握することは、上達への大きな一歩だ。次の一歩は、なぜボールが正しいライン上を転がらなかったのかを突き止めることである。

繰り返し述べているように、まずはルーティンを見直すこと。フィル・ミケルソンはカップを何度も見やるという以前のルーティンのせいで、ラインをあまり見なくなり、最初にラインを見つめたときのイメージ通りにボールを転がせなくなっていた。だがルーティンをシンプルにしただけで、彼のパッティングはよくなった。ストロークのメカニズムはまったくいじらずにである。

ゴルファーは、自分のルーティンが常に一定だと思っているかもしれない。しかしプロ・アマ問わず、ルーティンが一定のゴルファーなどわたしはほとんど見たことがない。たいていは余分な手順が加わるか、状況や次のパットにかかるプレッシャーによってルーティンが別物になる。

大事なのは、自分のパッティングの特徴を把握して、名前を書くようにきわめて自然にパッティングできるルーティンを身につけることだ。本書の執筆中に、マーティン・レアードとサンドラ・ガルがそれぞれＰＧＡツアーとＬＰＧＡツアーで18番ホールのパットを素振りせずに行い、優勝を果たした。

マーティンは残り27メートルを２パットでまとめた。１メートル強の２パット目を外していれば優勝はなかっただろう。二人とも、まるで優勝などかかっていないかのように、普段通りのテンポでルーティンを行っていた。

◯読み違いとストロークのミスを区別する

パットが左右に外れるのは読みに問題があるからなのか、ストロークの向きが合っていないからなのか話す前に、正しい距離感でボールを転がすことについて述べたい。

前述したように、距離感は方向よりずっと重要だ。

いつも厄介な返しのパットが残る、たいていショートする、あるいは大きくオーバーする、強さのコントロールが一定していないと感じる――。こういった強さに関する問題をラインの読み方に関する問題と切り分ければ、焦点を絞り込んで、ドリルや練習補助具の力を借りて解決することができる。

強さに関する問題がある場合、解決策はいくつかある。まずは、ボールを打つのではなく転がすようにすること。そしてパターのロフトをチェックすること。わたしのもとを訪れるゴルファーには、ボールに対して手を返す、つまりボールを転がすのではなく打ってしまうという問題を抱えた人があまりにも多い。これは間違いなく、ロフトのないパターを使っているせいだ。

ロフトのあるパターを使い、フォワードプレスでストロークを開始すれば、ボールへの当たりがすぐによくなる。ボールに一定の回転をかけるのがずっと簡単になり、距離感が見違えるほどよくなる。指先で感じていたはずのフィーリングを取り戻せるのだ。

ルーティンのなかでラインを見て距離感がつかめるようになると、少しずつストロークが一定になっていく。練習中でもプラス思考を貫き、パットが決まるかどうかなど気にしないこと。自分のルーティンを守り、あれこれ考えずに、ボールの少し先に定めた地点をボールが通過するように転がせばいい。

こうしたことが練習中にいつもできていれば、それがクセになり、習慣になる。目標は、3番ホールでパーを狙うときも、17番ホールでバーディを狙うときも、パッティング練習のときと同じルーティンでできるようになることだ。

繰り返しになるが、わたしは機械的な動作をいくつも真似してもらいたいとは思っていない。だが、満足のいくルーティンを身につけ、強さもある程度コントロールできるようになったら、どうなると方向をミスするのか考えるのも悪くない。

最初に、ラインの読み間違いとストロークのミスを区別しよう。経験を積んでいけば、これはどんどん簡単にできるようになる。わたしの場合、思い通りにボールを転がせたときは自分でわかる。そうであれば、複雑なラインで思った以上に切れたり切れなかったりしてもあきらめがつく。注意を払うべきなのは、ストロークのミスが原因で外れた場合だ。この場合、何かを変える必要がある。

○多くの人が持っているアドレス時の悪癖

なぜこの区別が大事なのかを理解しておかなければならない。

ゴルファーの多くは、きちんとラインが読めていないかボールを強く打ちすぎているが、強さの間違いがラインの読み間違いを帳消しにして、結果的にカップインすることもある。

話を具体的にしよう。4時の方向からカップインするはずの3メートルのラインがあるとする。パッティングが苦手なゴルファーは、これをまるで真っすぐの4メートルのラインのように強引にねじ込む。あるいは、右から左にもっと大きく切れるラインだと読むが、左に引っ掛けて結果的にカップインする――。

うまくストロークできたのにラインを読み間違えたケースと、ストロークでミスしたものの運良くカップインしたケースの違いを理解すれば、グリーンを読むのが飛躍的にうまくなる。なぜなら、外したとしてもその理由がわかっているのだから、次のパットでは調整できるからだ。こうした調整が潜在意識にどんどん蓄積されていくことで、フィーリングや技量が全般的に向上していく。このほうが「強めに打って運に任せる」よりはるかにマシだと思えるが、いかがだろう。

ストロークのミスで外した場合には、ボールの転がり方からどこを修正するべきかがわかる。左に外した場合、ボールの位置が体から遠すぎて手の位置が下がっていた可能性が高い。この場合、パターはいつもより極端な弧を描くことになり、フェースが閉じたり左に引っ掛けたりしやすくなる。

多くのゴルファーに共通する悪いクセとして、アドレス時にパターのトウが浮くように構えるというものがあるが、それは基本的にフルスイングと同じように構えているためだ。パターはアイアンやドライバーよりライ角がアップライトになるよう設計されているため、ボールに近づいて構える必要がある。7番アイアンと同じように構えるとボールから離れすぎてしまうので、その分だけ手の位置が下がることになる。

実際、左に外すミスは右に外すミスよりずっとはっきりした理由があり、修正も簡単だ。パッティングが苦手なゴルファーのほとんどは、ボールへの当たりが悪くて右に外している。フルショットでスライスするようなものだ。

あまりロフトのないパターはスイングしにくいため、インパクト時に右手を返すようになり、ほとんどの場合フェースが開いて地面から離れすぎてしまう。さらに、ストローク中にボールの行方が気になって頭や左肩が上がるクセがある場合、パターがボールの上のほうに当たってしまうので当たりが弱くなる。こうしたクセを直すドリルについては、あとでいくつか紹介する。

◯ 完璧を求めすぎない

要点を見失わないように、本書ではメカニズムに関する用語をあまり使わないようにしている。パッティングのストロークをよくするための「コツ」や、応急処置の仕方を伝授することが目的ではないからだ。

パットの名手になるには、ボールがどのように転がるかを理解して、何か困ったことが起こっても自然にストロークして対応できなければならない。わたしの場合、パットを右にばかり外し始めたとしても、メカニズムそのものをどうにかしようとは考えない。まずは、単にパターをヒール側に引くようにする。左にばかり外れる場合は、手の位置を体から少し離し、おそらく少しボールに近づいて構えるだろう。

これは、シャワーを適温にするために、温水と冷水の蛇口をひねりながら調節するようなものだ。適温は日によって少しずつ違うかもしれないため、その日の適温にするには温水と冷水の蛇口を少しずつひねって調整しなければならない。「温水の蛇口を8センチひねり、冷水の蛇口を5センチひねる」などとどこかに書かれているわけではない。

パットの名手は、ボールが左に外れるようになるとこうした微調整を始める。ケニー・ペリーは2008年のライダーカップで、ローリー・マキロイは2011年のマスターズのあとで、共に左に外すという症状をきわめて短時間で克服した。ケニーの場合、大会前の練習ラウンド中に少しわたしと話し合い、歴史に残るほどパッティングの調子が素晴らしいラウンドへとつなげた。ローリーの場合、手の位置を少し高くするという調整を5分で行い、パットが決まるようになった。

わたしたちは機械ではないのだから、完璧にできるはずなどない。できるのは、可能な限りその日のフィーリングに合わせて微調整することだけである。わたしが常にパッティングが得意だと信じてこられたのは、自分を未熟だと思ったことがないからだ。ルーティンを自分のものにしてからは、いつでもそのルーティンができると信じてきた。

本当にできるかどうかは重要ではない。できると信じていることが重要であり、そう信じていたからこそ、結果を気にすることも、微調整をしたりメカニズムについて考えることもなかったのだ。完璧を目指して眠れない夜を過ごすことなど一度もなかった。

振り返ってみると、父はそのような自信をわたしに植えつけるという意味で天才だった。幼いわたしに基本を教え、シンプルなドリルでその基礎を築いたのだ。わたしはラインの読み方やボールの転がし方を身につけ、メカニズムについて延々と考え込んで行き詰まるようなことはなかった。

正直いって、あれこれ考えて機械的な動作をする長年のクセをすっかり取り払うのは、一から正しい動作を習得するより難しい。だがこれから紹介するドリルを試せば、驚くほどすぐにルーティンとストロークがシンプルになり、フィーリングがよくなるはずだ。

パットがうまくなるために、ゴルフショップに行って練習補助具を山ほど買ってくる必要はない。基本的には、結果の善し悪しが判断できて、向きや狙いを合わせるための指針となるような道具があればいい。講習会でわたしたちが使っている「ストックトン・ゴルフリング」は薄い折りたたみ式のリングで、これをグリーン上に置くと目標が円で示される。グリーン上でも目立ち、転がしたボールが引っ掛かって止まるようなこともない。

もうひとつ役に立つ道具として、大工用のチョークがある。これなら仮の指針となる線をたやすく芝の上に引くことができるし、工具店で安く手に入る。練習グリーンにチョークで真っすぐ3メートルの線を引き、その線に狙いを合わせてパッティングする。こうすると、ボールを転がしたい方向に対してフェースがスクエアになっているかを判断できる。あなたが真っすぐだと思って見ているラインが、実際に真っすぐなラインである。ときには、真っすぐのはずのラインが本当にそうなのか自信が持てなくなることもあるのだ。

◯ボールを転がすことだけに集中するためのドリル

父は、ストローク中に体の各部をどう動かすかではなく、パターをどう動かすかに重点を置いてパッティングの方法を教えてくれた。ストローク中にパターを地面に対して低く保ち、左手主導でパッティングすること。それだけを覚えていればいいといわれた。

構え方やストロークの形を教え込む代わりに、父はアドレスしたとき左手の甲の8センチ先にグリップエンドがくるよう、クラブの端を持ってわたしのすぐ左隣に立った。わたしの使命は、ストロークを行って父が持っているクラブのグリップエンドに左手の甲を当てることだけだった。ボールをどこまで運ぶかということより、そのほうが重要だった。

このドリルによって、大切なことがいくつも身についた。まずストロークがシンプルになり、肘はどうなっているか、ストロークは完璧な弧を描いているか、肩は正しい角度になっているか、といったことではなく、シンプルにひとつのことだけを考えるようになったのだ。グリップエンドに左手の甲が当たれば、パターを地面に対して低く保ち、ボールを正しく転がせたことになる。そのためには、頭を動かさず低く保ち、インパクト時に手を返さないようにしなければならない。

ひとつのことに集中するだけで、潜在意識で行うストロークがあらゆる意味でよくなったのだ。わたしはいまでも、息子の一人に協力してもらってこのドリルを実践すれば、シンプルにボールを転がすことだけに集中できるようになる。

このドリルは父が最初に伝授してくれたもののひとつで、わたしも息子たちや受講生たちに伝授している。構えたら、クラブを1本持った友人に自分のすぐ左隣に立ってもらい、グリップエンドが自分の左手の甲のおよそ8センチ先にくるようにする

ボールを転がすときは、最初から最後までパターを地面に対して低く保ち、左手の甲が友人の持つクラブのグリップエンドに当たるよう動かす

左手首を上に引いたり左手首が折れて手が返ったりすると、グリップエンドにはまったく当たらない

ドリル❶ ティーの上を通るようにボールを転がす

父が伝授してくれたイメージをシンプルにするためのもうひとつの方法は、ボールを転がそうと考えているライン上で、ボールのすぐ先にティーを差し込むというものだった。わたしの使命は、ルーティンをひと通り行ってラインを見て、目標を見つめながら構え、差し込んだティーを最後に見て、ティーの上を通るようにボールを転がすこと。近くの目標に意識を集中させれば、結果があまり気にならなくなる。

ボールを正しく転がせていると感じることが大切なのであって、正しく転がせていれば、決まるか外れるかを自分でどうにかできるわけではない。息子のロンは、このドリルをプロ・アマ問わず積極的にすすめている。ロンは受講生に、ティーの上を通るようにボールを転がしてボールが目標まで届かないうちにストロークを評価するよう指示している。ボールが30センチも転がらないうちに、転がりが「よい」か「悪い」かを尋ねるのだ。

このドリルによって、毎回同じルーティンを行うことが目標となるため、結果を気にしなくなり、カップインさせるためには完璧でなくてもいいと思えるようになる。

ラインを決めるときは、ライン上でボールのすぐ先のポイントを目印にして、そのポイントを通過するようボールを転がすことに専念する

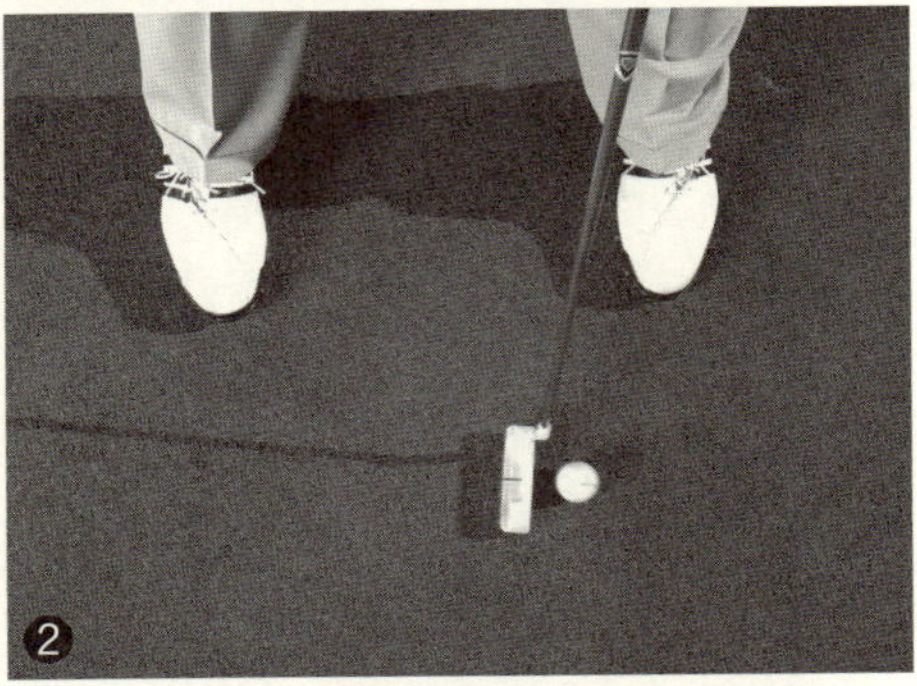

それができれば、そして適切な強さであれば、わたしの仕事は完了だ

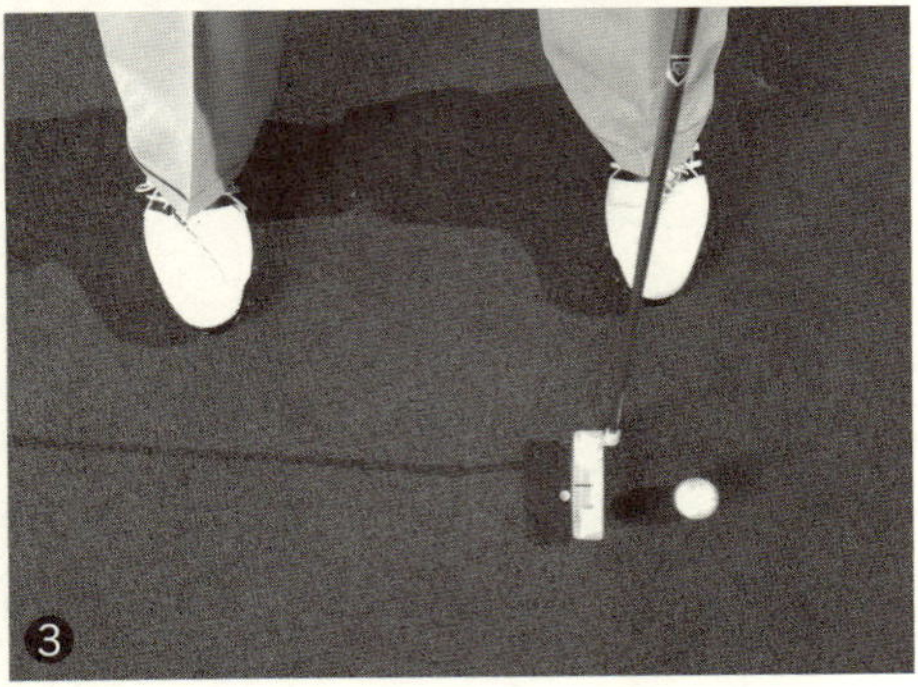

インパクト時にはパターを地面に対して低く保ち、ボールがかなり先に転がるまでそのポイント、つまりラインの最初の10〜15センチに対する集中を切らさない

ドリル②

目標を小さく狭め、カップを大きく感じる

定めたライン上にボールを転がすには、強さと切れ方の二つを判断しなければならない。わたしの場合、ボールがどこからカップインするかをきわめて具体的にイメージし、外しても45センチ以上はオーバーしないようにと考える。視覚的な補助具を使って練習すれば、この二つの目標をクリアできたかどうか、とても判断しやすくなる。

練習グリーンでかなり切れていく4メートル弱から5メートル弱のラインを見つけよう。普段通りのルーティンを行い、ラインを見てスタンスに入る前にカップのところまで行き、ボールがカップインすると思われるエッジ部分にティーを立てる。そしてボールに戻り、再びルーティンを最初から行って今度は本当にボールを転がす。

もちろん、目的はカップインすると思われる場所に立てたティーにボールを軽く当てることだ。このドリルは、ぎりぎりでカップインできるタッチとスピードを判断するのにも役立つ。そのためには、ボールの切れ方をきちんと把握しなければならないのも大きい。

やや大きく切れると読んだ場合でも、強さが適切であれば、ティーをかすめてカップインする可能性は残っている。あまり切れないと思って転がした場合は、カップインの可能性はほとんどなくなる。

このドリルを応用して、強さをコントロールするための練習をすることも可能だ。これは、ティーをカップの手前に立てたままでもできる。直径50センチの輪（ストックトン・ゴルフリング）を使ってカップの周りに円を作り、カップのエッジに立てたティーを目標にボールを転がすのだ。外したとしても、ボールをリングの内側に止める。つまり40センチ以上オーバーしてはいけない。

パットではショートすべきではないため、「合格」の範囲はカップ自体を含め、カップから40センチ向こうにあるリングの縁までということになる。

ラインを見る際に重要となる二つの要素は、ボールがどこからカップインするかを具体的にイメージすることと、理想的な強さでボールを転がすことだ。❶距離が4メートル弱でやや切れていく（15センチくらい）パットがあるとして、ボールがカップインすると思われるエッジ部分にティーを立てる。その状態で、ティーに当たるようにボールを転がす練習をする。あまり切れないと思ってボールを転がすと、カップインの可能性はほとんどなくなる。かなり切れると思ってボールを転がすと、強さが適切であれば、まだカップインの可能性は残っている。❷強さをコントロールできるようになるために、直径50センチの輪をカップのフロントエッジにかかるように置き、外してもボールがリングからはみ出さないようにボールを転がす練習をしよう。ボールがリングからはみ出した場合、カップを40センチオーバーしたことになる

ドリル③ 左手主導の感覚をつかむ

すでに述べたように、方向を安定させる左手がストロークを主導すべきだとわたしは考えている。フィーリングを出す右手が仕事をしすぎると、インパクト時にボールを打ったり弾いたりしやすくなり、転がすというよりはぶつけるような感じになる。ボールを打つ感覚だとコントロールがしにくくなり、不可能ではないにしても強さを加減するのがきわめて困難だ。

このドリルは、前述した左手の甲を別のクラブのグリップエンドに当てるドリルと密接に関連しているが、今回は左手だけでパターを持って一連のストロークを行う。きちんとストロークするには、クラブヘッドを振るようにして地面に低く保つのが一番だとすぐに気づくはずだ。手を返したりグリップエンドを加速させたりすると、正しくボールを転がすことはできない。両肩の水平を保つために左肩を自分の右手で押さえながら何回か素振りをし、いつも通りにフォワードプレスでストロークを開始する。左肩が目標ラインに対して真っすぐ動くのが感じられるはずだ。

片手ではクラブをうまく操れないと感じた場合、やや短めに持ってグリップを左手首の平らな部分に乗せるといい。わたしが主にチェックするのは、ストロークが終わったときにパターグリップが垂直を保っているか、へそのほうを向いていないかということだ。

左手主導のパッティングを実感し、パターを地面に対して低く保つために、左手だけでストロークする練習をしてみよう

左肩を自分の右手で押さえると、ストローク中に両肩の水平を保て、左肩が上がるのを防ぐことができる

ボールに対して手を返すのではなく、最初から最後までスムーズにパターを振り、地面に対して低く保つ

○パッティングとは感じること

　これらのドリルの目的は、我流を卒業してラインとフィーリングに集中することだ。体をどう動かしてカップインさせるかではなく、どこにボールを運ぶかということだけに集中すること。本書のアドバイスを守ることで、必ずそれができるようになる。そうすれば、本当の意味でパッティングを無意識でできるようになるのだ。

　ある日、わたしが練習グリーンで二人のツアー選手のコーチをしていたら、ショーン・オヘアが話をしようと近づいてきた。彼はアドバイスを求めていたのではなく、ただわたしが何球かボールを転がすのを見ようとしたのだ。見終わって彼が最初に口にした感想は、メカニズムについてではなかった。「信じられないほどリラックスしていて、いとも簡単に決めているように見える」といったのだ。

　それこそが、本書で伝えたい、本書から学んでもらいたい要点である。本書で伝えたいのは、完璧に機械的なストロークを身につけることでも、完璧を目指すことでもない。

1972年、わたしは950ホール以上連続で3パットをしなかった。だが、ペブルビーチで行われた全米オープンでは、3パット10回に4パット1回で予選敗退となった。誰でも、すべてのパッティングを決めることなどできないのだ。

カギとなるアイデアはシンプルである。自分の名前を書くように自然なパッティングのスタイルを身につけ、そのスタイルを崩さず、常に同じルーティンを守ること。努力する必要はなく、感じること。強さとラインをより鮮明にイメージできるようにして、そのイメージがぼやけないうちに、あまり時間をかけずにボールを転がすこと。

こうしたことができるようになれば、いまよりリラックスして、努力せずに、無意識でパッティングできるようになる。そうなれば、ゴルフをいっそう楽しめるはずだ（おまけに、1ラウンドに5時間もかからなくてすむ）。

何を目指すべきか、はっきりわかったのではないだろうか。本書を活用すれば、その目標を達成できるはずだ。

ここまでお付き合いいただき、ありがたく思う。あなたのパッティングが上達されることを願っている。

謝辞

両親であるオードリー&ゲイル・ストックトンのもと、カリフォルニア州サンバーナーディーノにある「アローヘッド・カントリークラブ」の南側で育ったわたしは、ゴルフを始めたおかげで南カリフォルニア大学に進学でき、卒業以来、ＰＧＡツアーで46年以上にわたり戦ってきた。

ゴルフというゲームはわたしの人生そのものになった。

この46年間、妻キャサリンは特別なパートナーであり、最高の友であり、わたしと一緒に実にユニークなチームを作ってくれた。１９６８年にデイヴ・ジュニアが、１９７０年にロナルド（愛称「ロン」）が加わったことで、ゴルフは少しずつ家業になっていった。デイヴ・ジュニアは9年以上ＰＧＡツアーに参戦し、ここ2年間はティーチングプロとして活動している。ロンはティーチングプロとして20年以上活動しており、父がこの世を去った25年以上前からわたしのコーチを担当してくれた。

本書で自分の考えをまとめているあいだに、わたしは名誉なことに南カリフォルニア・ゴルフ協会の殿堂入りを果たした。式典では親友のトム・セルフがわたしの紹介をして、父とゴルフにまつわる驚くべき裏話を聞かせてくれた。わたし自身も聞いたことのなかった話だ。1930年代から40年代にかけて最も著名だったティーチングプロの一人に、アレックス・モリソンがいる。彼はヘンリー・ピカード（1938年のマスターズと1939年の全米プロゴルフ選手権で優勝し、ベン・ホーガンやサム・スニードを指導した）を指導し、1940年に出版された有名なレッスン書『Better Golf Without Practice』を執筆した。トムの話によると、モリソンは父の指導もしていたらしい。父がわたしに教え込んだメンタルに関する理念の多くは、かつてモリソンが唱えたものだったのだ。

父に誰から教わったのかと尋ねたことは一度もなかった。ただ父のいう通りに練習するだけだったのだ。本書の執筆中に父の新事実が明らかになったことは、このうえない喜びだった。モリソンの本を開いてみると、よく知っている言葉やアイデアがいくつも見つかったのである。

父はわたしのゴルフ、そして人生のかけがえのない基盤を築いてくれた。父のおかげで、わたしは自信とメンタルの強さを武器にPGAツアーで40年以上にわたって戦うことができた。わたしはいまでも父の教えを常に守り、それが本書の核となっている。

南カリフォルニア大学時代から、わたしは多くの親友に恵まれた。特にアル・ガイバーガーは、カッパアルファ・フラタニティ時代からわたしの目標であり、その背中を追いかけたことで、わたしは彼と同じようにＰＧＡで優勝できた。ドナ・カポニ・バーンズは妹のような存在で、長年にわたって互いにアドバイスし合ってきた。キャシーとわたしがジム＆ルー・ラングレーに出会ったのは初めてツアーに参戦したときで、それが長い友情の始まりだった。ジムは30年以上にわたって「サイプレスポイント・カントリークラブ」のヘッドプロを務め、信頼できる友人だ。ローリー＆マレーネ・ハマーは素晴らしい友人で素晴らしいチームメートである。わたしたちは１９６７年に「ラコスタ・ゴルフ＆ビーチリゾート」でのヘイグ＆ヘイグ混合スコッチ・フォーサムで優勝を飾った。その他にも、ドン・ジャニュアリー、バイロン・ネルソン、リー・トレビノ、デール・ダグラス、ジャック・ニクラス、ダウ・フィンスターヴァルド、ゲーリー・プレーヤー、アーノルド・パーマー、ポール・エイジンガー、フィル・ミケルソンら数多くのプロ仲間が長年にわたってヒントを与えてくれたことにとても感謝している。

全米プロゴルフ協会に感謝を捧げたい。わたしは40年以上にわたってその一員でいられたことを誇りに思っているし、1991年に「カイワーアイランド・ゴルフリゾート」で行われたライダーカップのキャプテンにも指名してくれた。キャシーとわたしはこの特別な大会の宣伝に1年半を費やし、チームの一員としてあの素晴らしい勝利に貢献できたのは、信じられないほど素晴らしい経験だった。そのライダーカップが開催された週は、チーム・ストックトンに初めて息子たちが加わった記念すべき週にもなった。デイヴ・ジュニアとロンは二人だけでわたしの補佐役を務めてくれたのだ。その17年後、「ヴァルハラ・ゴルフクラブ」で行われたライダーカップでポール・エイジンガーの副キャプテンを務め、勝利に貢献できたのもまた素晴らしい経験となった。

エージェントを務めてくれたラルフ・クロスには特に感謝しなければならない。彼はわたしの人生を通して大きな影響を与えてくれた。ラルフは信頼できるアドバイザーであり、親友だ。彼がいなければ、本書は誕生しなかっただろう。マシュー・ルディと協力して文章を綴るのはとても楽しく、また二人で一緒に書くことになっている『ゴルフダイジェスト』誌の記事についても、いまから楽しみにしている。J・D・キューバンは、本書に掲載されている写真もウェブサイト（DaveStockton.com）で視聴できる動画も見事に撮影してくれた。スコット・ワックスマンとファーリー・チェイズのおかげで、出版社のゴタム社と素晴らしい契約を結ぶことができた。ゴタム社では編集者のトラバース・ジョンソンがよく協力してくれた。

ありがたいことに、わたしは父から教わったアイデアを息子たちに伝え、ティーチングプロとしてゴルフ人生をまっとうするという自分の役割をひと通り果たせたようだ。選手として輝かしい成績を収めるためにプレーしたことより、そのことのほうがはるかに感慨深く思える。いま、わたしは息子たちと共にコーチ業に専念し、ストックトン家としては70年以上もゴルフを続けていることになる。

そのことを、わたしは心から誇りに思っている。

青春新書 PLAYBOOKS　人生を自由自在に活動《プレイ》する

人生の活動源として

いま要求される新しい気運は、最も現実的な生々しい時代に吐息する大衆の活力と活動源である。

文明はすべてを合理化し、自主的精神はますます衰退に瀕し、自由は奪われようとしている今日、プレイブックスに課せられた役割と必要は広く新鮮な願いとなろう。

いわゆる知識人にもとめる書物は数多く窺うまでもない。

本刊行は、在来の観念類型を打破し、謂わば現代生活の機能に即する潤滑油として、逞しい生命を吹込もうとするものである。

われわれの現状は、埃りと騒音に紛れ、雑踏に苛まれ、あくせく追われる仕事に、日々の不安は健全な精神生活を妨げる圧迫感となり、まさに現実はストレス症状を呈している。

プレイブックスは、それらすべてのうっ積を吹きとばし、自由闊達な活動力を培養し、勇気と自信を生みだす最も楽しいシリーズたらんことを、われわれは鋭意貫かんとするものである。

―創始者のことば―　小澤和一

著者紹介

デイブ・ストックトン

メジャー大会5勝（全米プロゴルフ選手権2回、全米シニアオープン、シニアプレーヤーズ選手権2回）、PGAツアー通算11勝、チャンピオンズツアー通算14勝。1991年のライダーズカップではアメリカチームのキャプテンを務め、勝利に貢献。カリフォルニア州で妻と暮らす。

マシュー・ルディ

「ゴルフダイジェスト」誌のシニアライター。多くのゴルフレッスン書のライターを務めている。

無意識《むいしき》のパッティング　青春新書 PLAYBOOKS

2016年10月5日　第1刷

著者　デイブ・ストックトン
　　　マシュー・ルディ
訳者　吉田《よしだ》　晋治《しんじ》
発行者　小澤源太郎

責任編集　株式会社プライム涌光
電話　編集部　03(3203)2850

発行所　東京都新宿区若松町12番1号 〒162-0056　株式会社青春出版社
電話　営業部　03(3207)1916　振替番号　00190-7-98602

印刷・図書印刷　製本・フォーネット社

ISBN978-4-413-21070-6

©Dave Stockton, Matthew Rudy 2016 Printed in Japan

本書の内容の一部あるいは全部を無断で複写（コピー）することは著作権法上認められている場合を除き、禁じられています。

万一、落丁、乱丁がありました節は、お取りかえします。

青春新書 PLAYBOOKS

人生を自由自在に活動する——プレイブックス

病気にならない人の野菜の食べ方

森由香子［著］
平野敦之［監修］

どんな野菜をどう食べるかで
「健康寿命」は大きく変わる！

P-1056

自分を信じる人がいちばん強い

植西　聰

いつも自然体でいる人の秘密とは？
自己肯定感が無理なく育ち、
強く、ラクに生きられるヒント

P-1057

ネコと一緒に幸せになる本

青沼陽子［監修］

遊び方、しかり方、そして
健康のことまで…
これ一冊でネコもあなたも幸せに！

P-1058

〝聞き上手〟だけでは相手にのまれます

樺　旦純

「口のうまい人」が相手でも、
話を思い通りに進められる
頭のいい聞き方・切り返し方

P-1059

お願い　ページわりの関係からここでは一部の既刊本しか掲載してありません。
折り込みの出版案内もご参考にご覧ください。

青春新書 PLAYBOOKS

人生を自由自在に活動する――プレイブックス

ゴルフ 読むだけで迷いなく打てる
パッティングの極意

永井延宏

あなたの「1パット圏内」が
読むだけで広くなる!

P-1060

引きずらないコツ

和田秀樹

不安、イライラ、人間関係、他人の
言葉……感情のザワつきが一瞬で
消える。

P-1061

「敬語」と「マナー」は
一緒に覚えるとうまくいく!

知的生活
研究所[編]

「正しい敬語」でも「マナー違反」で
恥をかいてはもったいない。これ一冊
で大人のふるまいをマスター!

P-1062

自分の中から「めんどくさい」心
に出ていってもらう本

内藤誼人

やる気や集中力は生まれつき
じゃない! ちょっとした仕掛けで
自分を変える本

P-1063

お願い ページわりの関係からここでは一部の既刊本しか掲載してありません。
折り込みの出版案内もご参考にご覧ください。

青春新書 PLAYBOOKS

人生を自由自在に活動する——プレイブックス

老けない血管になる腸内フローラの育て方
池谷敏郎
腸が健康になれば、血管も若返ります！テレビで大好評、〝血管先生〟の最新刊
P-1064

見てすぐできる！「開け方・閉め方」の早引き便利帳
ホームライフ取材班［編］
こんな方法があったのか！暮らしの「困った…」が次々解決!!
P-1065

アブない心理学
神岡真司
ケタ違いに相手の心がわかる！動かせる！知らないと損をする心理テクニックの決定版
P-1066

美脚のしくみ
南　雅子
O脚、下半身太り、足首が太い、扁平足、外反母趾…脚の悩み、この一冊で全て解決します！
P-1067

お願い　ページわりの関係からここでは一部の既刊本しか掲載してありません。折り込みの出版案内もご参考にご覧ください。